明

信念をつらぬく

GS
幻冬舎新書
293

まえがき

〈古賀茂明のツイッター〉
橋下《はしもと》さんへの切なるお願い　その１：間違えたということはよくお分かりだと思います。理念も政策も違う石原さんや旧たちあがれ日本の老人たちと決別《けつべつ》してください。そして、みんなの党と選挙協力をやり直してください。そうすれば、国民は付いて来ます。

〈古賀茂明のツイッター〉
橋下さんへの切なるお願い　その２：「大阪府市のエネルギー戦略会議が脱原発の工程表を出していないから原発ゼロとは言えない」という言い訳は止めて下さい。20回開催した後、９月にこの会議を止めたのは橋下市長と松井知事です。エネルギー戦略会議は大阪府市の会議です。政治利用は止めて下さい。

2012年11月30日の私のツイートです。あっという間に3000件以上のリツイートがあり、あまりの反響の大きさにびっくりしました。

翌日以降の夕刊紙、週刊誌に、「橋下ブレインの古賀茂明、維新と決別」という趣旨の記事が流れ、新聞、テレビ各社から取材の依頼が殺到しました。もちろん、維新の会に対して私が批判の言葉と決別宣言をしてくれればおもしろいという思惑でしょう。

しかし、決別というのは、明らかに間違っています。

私は、もともと維新の会の役職には就いていません。顧問就任を要請されたことはありますが、断りました。いまは、単に大阪府市の特別顧問という立場で、主に府市のエネルギー戦略会議で活動しています。あくまで、自治体での活動なのです。

ところが、衆議院選の選挙運動期間に入ると、橋下氏や松井氏が、エネルギー戦略会議での我々の活動にひんぱんに触れながら、「いま脱原発の工程表を作らせている」と発言するので、あたかもこの会議が、維新の会のために活動しているかのような誤解をまねいてしまいました。

また、われわれが、原発ゼロの工程表を完成させていないことが、維新の会が原発ゼロと言えない理由だという趣旨の発言もされていました。

工程表ができなかったのは、本文でも触れますが、２０１２年9月になって、それまですでに20回も開催されていたエネルギー戦略会議が違法だとして、活動停止にされてしまったことが原因です。

後になって、実は「違法かどうかわからない」ということになったのですが、やめるという判断をしたのは、ほかでもない松井知事と橋下市長でした。だから、工程表ができていないことを、「原発ゼロと言えない」理由にするのは天に唾《つば》するようなものなのです。そこで、「それはないでしょう」という正直な気持ちを伝えたかったのです。

エネルギー戦略会議を活動停止にされたときは、正直、裏切られたという思いでした。一番大事なときに、なんの相談もなく、いきなり停止ですから、それが自然な気持ちだと思います。でも、そういうことは、いままでもたびたび経験してきました。その程度のことであきらめていては、何もできませんし、そのときはダメだと思っても、後から考えると、その試練を乗り越えたからこそ、より大きな成果が出てくるということもあるのです。

記者たちからは、「橋下氏が私を攻撃するのではないか」「それがこわくないのか」という質問がありました。「ツイッターで〝古賀バッシング〟が始まったらどうしますか？」という意味です。

そのときになって、初めて私は、「そういう可能性もあるな。そうなったら嫌だな」と思いました。橋下さんは、自分に対する批判に対しては、容赦《ようしゃ》ない反撃をツイッターや記者会見、テレビ出演の際の発言で行うことで有名です。時には「馬鹿」呼ばわりすることもあります。私も、記者やコメンテーター、学者などが執拗《しつよう》な攻撃を受けるのを見てきました。攻撃された人はノイローゼになるんじゃないかと心配になることもあります。だから、記者からそう聞かれて、そんな攻撃を自分が受けることになったら嫌だなと思ったのです。

ただ、ツイートする時点では、そんなことは私の頭のなかにはありませんでした。言われてみて、初めてそういう事態を想定してみたということです。

でも、最初にそういうことを思いついたとしても、私はツイートしていたと思います。

自分の言いたいことが間違っていなければ、そのまま表現するのが私のやり方です。橋下さんは、個人としては、いま日本で最も強い立場にいる人の一人でしょう。でも、私にとって、相手が強いかどうかはあまり関係ありません。

国会で、当時の官房長官の仙谷由人《せんごくよしと》さんに恫喝《どうかつ》されたときも、総理大臣をはじめとした民主党全閣僚を前にして、気づいてみたら、民主党の政策を真っ向から批判していました。恫喝されたとき、初めて「こわいな」という気持ちが起こりましたが、その後も批判の手を緩めようとは思いませんでした。

2011年7月には、当時の海江田経済産業大臣（現民主党代表）の部屋に乗り込んで直談判《じかだんぱん》をしましたが、そのときも後になってから、「よくあんなことをやったなあ」と思いました。

そういう生き方をつらぬいてきた結果、結局2011年の9月に経済産業省を辞めることになったのですが、そのこと自体、別に後悔はしませんでした。もちろん、辞めた時点では、その先の人生設計なんかまったくなかったのですから、不安で一杯ではありましたが。

私は、「人生における出来事で、何がよくて何が悪かったかということは、死ぬまでわからない」と思っています。ですから、まだまだ人生を振り返って何か偉そうなことを言うのは早すぎるという気持ちが強くありました。

幻冬舎の四本恭子さんからこの企画の提案をいただいたのは、2011年の夏。経産省を辞める前でした。第一稿ができてから半年以上が過ぎても、やっぱり、この本を出すのはまだ早い、とか、とても恥ずかしくて出せないという思いが強くて、なかなか最終稿にたどり着けませんでした。

他方、私がなぜ経産省を辞めたのか、どうして大阪で仕事をしているのか、橋下さんとは対立しているのか、などの質問が多く寄せられるようになりました。

また、退職後、講演をする機会に恵まれるようになり、そこで多くの方々から、「どうやったら信念をつらぬけるのですか?」という質問を受けました。「この本を出そう」と思ったのは、多くの方々の疑問に答えたいという気持ちが強まったからというのが大きな要因です。

「人の命ははかないもの。自分も明日死ぬかもしれない」

大病をした経験から、私はいつもそう思っています。だとしたら、いま人生を振り返っても、早すぎるとは言えないのではないか。

行ったり来たりしていた私の心を最後に一押ししたのは、この人生観だったのかもしれません。

この本がなんとか出版までたどり着いたのは、ひとえに四本恭子さんと千葉はるかさんが、熱意を持って粘り強く私をサポートしてくださったからです。本当にありがとうございました。

信念をつらぬく／目次

構成　千葉はるか

序章　肩に力を入れすぎないから、ここまで来られた

人生、何が起きるかわからない

私は１９８０年に通商産業省（中央省庁再編により２００１年から経済産業省）に入省し、２０１１年9月に退職しました。実に31年もの間、官僚の世界で過ごしたことになります。

残念なことに、私が生きてきた官僚の世界では、「世の中のため」ではなく「省益のため」の道が選ばれることが少なくありません。むしろ官僚にとっては、省益を優先することのほうが〝常識〟になっているのではないかと思うくらいです。

こうした異常な〝常識〟がまかり通る環境のなかで、私はそれに真っ向から対立する公務員制度改革を推し進めようとしました。２００８年、渡辺喜美《よしみ》行政改革担当大臣（当時）の求めに応じて国家公務員制度改革推進本部事務局審議官に就任。守旧派の官僚たちの抵抗にあいながら、当時としては画期的な国家公務員法改正案をまとめたのです。

しかしこの改正案は、当時の政局の波にのまれて廃案となりました。そして２００９

年9月の政権交代後、民主党政権のもとで公務員制度改革はその歩みを止めてしまうのです。当初民主党政権の行政刷新担当大臣・仙谷由人氏は私の補佐官としての起用を内定しましたが、霞が関の抵抗にあって、わずか数日で断念させられました。そして、同年12月には、改革推進本部の事務局からいわゆる〝改革派〟が一掃《いっそう》される事態となり、結局私も経産省に戻って「経済産業省大臣官房付《だいじんかんぼうづき》」となりました。

「大臣官房付」とは通常、次のポストが決まるまでの「待機ポスト」で、仕事はありません。当然、私は次のポストへの異動を待っていました。ところが改革を推進しようとする私の動きに対して霞が関の反発は非常に強く、その後、私は新たなポストも仕事もまったく与えられないまま、退職するまで1年9カ月もの間、大臣官房付に留め置かれていたのです。

官僚になんかなりたくなかった

私はもともと、「官僚になりたい」とは思っていませんでした。

私が中学、高校時代を過ごした60年代の終わりから70年代前半は、まだ安保闘争の名残があり、学園紛争の嵐が吹き荒れていました。「役人は権力の犬」というイメージがあり、「国家公務員になんて死んでもなりたくない」とさえ感じていたのです。友達の勧めで国家公務員試験を受けたことがきっかけで官僚になりましたが、正直に告白すれば、使命感や高い志を持っていたわけではありませんでした。

それでも、気づいてみたら、私は国民を裏切るより、結果的に霞が関の裏切り者となってしまう道を選んでいました。難しいことを考えたわけではありません。国家公務員としてごく当たり前の正しいことをしようとしただけのことです。付け加えるなら、改革を断行すれば霞が関はよみがえるはずなのですから、真の意味では、霞が関を裏切ったつもりもありません。

役所に入ったとき、特別な使命感も志も持っていなかった私が一般の人々と同じようなまっとうな感覚を持ち続けられたことを、不思議に思う方もいるでしょう。「閑職《かんしょく》で干され続けても信念をつらぬいた、そのよりどころになったものは？」などと尋ねられたこともあります。

では、私がぶれなかったのはどうしてか？

理由はいくつか考えられますが、一つは、事務次官になることや天下りをすることにまったく興味がなかったことが理由ではないかと思います。

多くの官僚にとって、組織のトップである事務次官はあこがれの地位です。そして出世レースから脱落すると、独立行政法人や関連大手企業などに天下りし、安定した地位や給与、退職金、さらに、秘書、車、個室付きの〝悠々自適の生活〟を願うようになります。

しかし、私はただの一度も「事務次官になりたい」「天下りしたい」と思ったことがありませんでした。というのも、事務次官の仕事も天下り先の仕事も、つまらないものに思えたからです。

事務次官は各省事務方のトップとしてすべての政策決定などの最高責任者なのですが、そのなかでも〝最も重要な仕事〟は、人事なのです。さまざまな企業や団体に天下りしているOBがぞろぞろいて、その処遇を決めなくてはならないわけですから、時期によっては毎日、天下りポストのことばかり考えていると言ってもいいくらいです。

たとえば、かつて大物次官だったOBが「いまの天下り先は嫌だ」と言い出せば、適切なポストを探してこなくてはなりません。次の事務次官候補の局長たちについても、一人を次官に昇格させれば、ほかの局長は退職させて天下り先をあてがう必要があります。それが霞が関の慣習だからです。

たくさんの人の要望を聞いて調整しなくてはならないわけですから、ある意味で大変ですが、私にはこんな仕事がおもしろいとは思えませんし、なんだか格好悪い気がしてしまいます。ですから、「次官になりたいと思わなかった」というより、「次官になんかなりたくなかった」と言ったほうが正しいかもしれません。

経産省にいた頃、私は次官や局長のところに行っては、「法律を変えてこの団体を廃止しましょう」といった提案ばかりしていました。当時はまったく気づかなかったのですが、いま振り返ってみると、必死になって天下りポストをやりくりしている次官は「団体を廃止したら、ポストがなくなって人事が大変になるじゃないか。こいつはなんてとんでもないことを言うんだろう」と思っていたことでしょう。私がある法律を廃止して天下り先の団体をつぶしたときには、局長から「俺は本当に寂しいよ」と言われたのを覚えています。いまの言葉で言えば、まさに「KY」扱いされたのかもしれません。

天下りをしたくなかった一番の理由は、「おもしろい仕事ができないから」でした。たとえば独立行政法人は、実態は〝従属行政法人〟とでも呼ぶべきもので、天下りすれば役所の言いなりに仕事をせざるを得なくなります。予算は国が握っていますから、立場が弱いのです。このような環境で、自分の考えたことを実現するのは困難でしょう。

出世レースを勝ち抜いたり、天下りをしたりすれば、生活は保障されるでしょう。私だって「家族を守らなくては」という気持ちはありますし、「ホームレスになってもいい」とまでは思えません。でも、いくら安定が得られるからといって、次官や天下りにあこがれる気持ちはまったく持てなかったのです。

そして、私は無職になった

結局、私は経済産業省を退職し、無職になりました。

当時、「仕事はあるのかなぁ」「生活はどうなるんだろう」といった漠然とした不安を覚えたことを記憶しています。

退職から2年を過ぎたいまも、私には定職がありません。「大阪府市統合本部特別顧問」という立派そうなポストに就いていますが、月に数回呼ばれて日当は2万～3万円程度。東京から往復の新幹線代が出ますが、「新幹線のなかで落ち着いて作業したいからグリーン車に乗ろう」「午前中の会議は自宅から行くと始発に乗っても間に合わないから、前日に大阪入りしてホテルに泊まろう」などとやっていると、お金はあまり手元に残らないのです。自分がやりたいと思ってやっていることですからかまわないのですが、生活の糧《かて》にはなりません。

ほかには、テレビのレギュラーコメンテーターを務めていますが、レギュラーと言っても契約書さえなく、いつクビになるかわかりません。定期的に寄稿している原稿は、4週に1回「週刊エコノミスト」に「闘論席」、毎週「週刊現代」に「官々諤々《がくがく》」、毎週

「週刊プレイボーイ」に「古賀政経塾!!」を連載しています。それに、有料メルマガの発行。定期的な仕事は、これですべてです。

無職だと、少々不便なこともあります。たとえば、議員会館に入る際は入館許可証をもらうために申請書に記入しなくてはなりません。用紙には所属を書くような箇所があるのですが、「無職」と書くと受付の人が困った顔をするのです。議員事務所に取り次ぐ際は「○○株式会社の××さんがお見えです」などと伝えるのが普通なので、「無職の古賀さんです」とは言いにくいのでしょう。

私はどこにも所属していないだけでなく、いまのところ仕事用の事務所もありません。ですから、しばらくは名刺も作っていませんでした。自宅の住所や電話番号をばらまくのはどうかと思いましたし、肩書きもないので、名刺に載せられる情報がなかったのです。

しかし、講演会などに行くと「名刺交換の時間をいただけますか？」と言われることが少なくありません。「名刺はないんです」と言うと残念そうな顔をされてしまうので、苦肉の策で、新しいメールアドレスを作って名前とメールアドレスだけを印刷した名刺を使うようになりました。その後は大阪府市統合本部で特別顧問の名刺を作ってくれることになったのでそれを使用していますが、名刺のひな形にあるオフィスの所在地などの情報がないので、しかたなくメルマガの案内を載せています。無職になってみて、「日本社会では、肩書きや名刺がないと、怪しまれたり周囲の人を面食らわせたりするんだな」ということを実感しています。今後は仕事に集中できるよう事務所を借りたいと思っていますが、当面は無職のままということになりそうです。

ちなみに私は特定の政党の役職には一切就かず、方向性に賛同できる政治家の方であれば政党を問わず政策作りのお手伝いをしたり、あるいは政治家の勉強会の講師を務めたりしています。よく誤解を受けるのですが、日本維新の会のメンバーではありません。

しがらみは作りたくない

無職になってからというもの、いろいろな方が私を心配して声をかけてくれました。あるベンチャー企業の社長は、「日本を変えるために頑張ってほしい。活動が軌道にのるまでの間、毎月100万円出しますから、ちゃんとオフィスを構えて人を雇ってください」「古賀さんを信じていますから、どんな活動をしても構いません」とまで言ってくれました。私が事務所も持たず地下鉄で動き回っていることを知って、「うちの会社の空いているスペースを自由に使ってください」「定年退職したのでボランティアで運転手をやりたい」などと申し出てくださる方もいました。

直接お話しすると、純粋な好意からサポートしたいと言ってくださっている方のお気持ちは伝わってくるものです。無職で生活の保障がない状況ですから、お話はありがたく、一瞬「どうしようか」と迷ったこともありました。しかし、すべて丁重に辞退しています。

どんなに純粋な好意であっても、それを受ければ、私は相手のことを気にかけてしまうでしょう。たとえば、私がベンチャー企業の社長のサポートを受けた場合、何らかの政策作りに携わるときに、その企業にとって不利になるような政策の提案を躊躇《ちゅうちょ》することがあるかもしれません。どんなに「自由にやっていい」と言われても、そこにはしがらみが生じてしまうおそれがあります。自分の心に正直に、自由に活動していくためには、仕事もせずにお金をもらったり対価を払わず何かをしてもらったりするべきではないと思いました。せっかくの好意を断るというのは本当に申し訳ない気持ちでしたが、受けることはできなかったのです。

このほか、複数の私立大学からも声がかかりました。副学長とか教授といった肩書きで、大学や大学院で授業を持たないか、というものです。私の活動に配慮してくださり、授業時間は少なくてもいいという条件でした。大学側としては私の授業が学生集めに多少なりとも役立つだろうという考えがあったのでしょうし、私にも肩書きとして大学の役職名が使えるメリットがあるという前提での条件提示だったのだと思います。しかし、「授業は少なくてもいいから、教授に」というのも、よく考えると何かおかしい気がしましたし、「面倒を見てもらっている」という関係になると、どうしてもしがらみが生じるのではないかと思い、辞退したり、返事を先延ばしにしたりしました。

志を持ってサポートしたいと言ってくださる方の好意を受けたり、大学の先生になって学生を指導したりしても、後ろ指をさす人は誰もいないかもしれません。それでも、私自身のなかで、こうしたお話は折り合いがつかなかったのです。

心が震えた、ネルソン・マンデラさんの言葉

私には、かつて心から「格好よい」「こうありたい」と思わせてくれた人がいます。それは、南アフリカ共和国（以下、南ア）初の黒人大統領、ネルソン・マンデラさんです。

私が南アに赴任していた当時、南アはまだアパルトヘイト（黒人を差別する人種隔離政策）が廃止されておらず、世界でも「南アの白人による支配は今後も続く」というのが主流の見方でした。反アパルトヘイト運動を主導したアフリカ民族会議（ANC）指導者のマンデラさんが反逆罪で牢《ろう》に入れられてから、実に27年もの歳月が過ぎていました。

しかし1990年2月、当時の南ア大統領だったフレデリック・デクラークは、マンデラさんを釈放するという英断を下します。

南ア最大の黒人居住区、ヨハネスブルクのソウェト（SOWETO＝South Western Townships＝南西居住地区）にある巨大スタジアムでマンデラさんの帰《き》還《かん》を祝う歓迎

集会が開かれると聞き、私は同僚とその大イベントを見に出かけました。

スタジアムに近づくと、私たちが乗った小さな車は、集会に向かう黒人たちの渦に巻き込まれてしまいました。「一体どこから湧いてきたのか」と思うほど大勢の人たちが、スタジアムを目指していました。

私たちがスタジアムの一番上の観客席に着いてしばらくすると、スタジアムの中央にマンデラさんを乗せたヘリコプターが現れ、そしてマンデラさんが姿を見せたそのとき――物凄い地響きが起こったのです。スタジアムを埋め尽くした大観衆は、歓声を上げ、足を踏み鳴らし、その轟音《ごうおん》でスタジアムは文字どおり揺れていました。

熱狂する人々の姿を見ながら、「いま、歴史的瞬間に立ち会っているんだ」と思い、私は鳥肌が立つのを感じました。


深く感銘を受けたのは、この集会からしばらく経って、マンデラさんが各国の大使や総領事《そうりょうじ》を集めて行ったスピーチです。

マンデラさんは、27年も収監《しゅうかん》されていたにもかかわらず、世界情勢を知悉《ちしつ》していました。「ソ連の崩壊により東西の冷戦は終わりました」「社会主義国家への道を歩むつもりはありません」「黒人と白人が共存できる国をつくっていくことが必要です」と語り、さらに驚いたことに、「みなさんにお願いがあります。ぜひ、デクラーク大統領をサポートしていただきたい」と訴えたのです。

スピーチを聞いていた人たちは、みな、言葉を失いました。自分を牢に入れた白人政権への恨《うら》みつらみを一言も口にしないばかりか、自分や黒人たちではなく白人大統領への支援を求めるとは、とても考えられないことでした。

マンデラさんは続けました。

「デクラーク大統領は私を釈放しました。彼は、本当に白人と黒人が融和し、共存できる国をつくりたいと思っているんです。しかしこのような考え方は多くの白人たちには受け入れがたいものであり、彼の政権基盤が揺らぐこともあり得ます。もしデクラーク大統領が失脚するようなことになれば、白人と黒人が共存する社会は実現できないでしょう。ですから、みなさんには彼をしっかりサポートしていただきたいのです」

マンデラさんのスピーチから私が学んだのは、「物事は大きく見なくてはならない」ということでした。世界情勢や自国の状況をふまえ、大局に立って「この国をどうしたいか」「そのためにどうすべきか」と考えたからこそ、彼は社会主義を否定し、「デクラーク大統領を支えてほしい」と訴えたわけです。

このような姿勢は、私に大きな影響を与えました。

たとえば公務員制度改革についても、私には、官僚一人一人をバッシングする意図はありません。冷静に日本が置かれている状況を読み解けば、いま、この国が転落するかもう一度踏ん張るか、瀬戸際に追い詰められていることは明らかです。そこで「ではどうすれば踏ん張れるか」と考えた結果、「現在の公務員制度が、官僚を国民のために働かせるシステムになっていないことに問題があり、そこにメスを入れるべきだ」という結論にたどり着いたのです。

同じ公務員制度改革を目指すのでも、「公務員だけがよい思いをしやがって」といったいっときの感情に振り回されていては、「公務員の給料を下げろ」「公務員宿舎をなくせ」といった表面的な議論だけで終わってしまいます。私は、いま日本で求められているのは、官僚が保身に走らず、国のために働くようにシステム全体を変革することだと思っています。

南アで体験したことは、私の人生において大きな意味を持っています。マンデラさんのスピーチを聞いたとき、私は純粋に「こういう人こそ格好よい」と思い、「自分もマンデラさんのような人になりたい」と感じました。

あきらめず闘い続ける理由

私が「大臣官房付」だった頃、多くの方から「大変ですね」などと声をかけていただきました。「仕事を与えられずにいる」と聞くと、どうも「座敷牢《ざしきろう》」のような暗い部屋に閉じ込められている」といったイメージを抱《いだ》く方が多かったようです。実際、取材に訪れて私の部屋を見たメディアの方から、「窓があるんですねぇ」と言われたこともありました。当時は、「組織のなかで陰湿《いんしつ》ないじめを受けている、かわいそうな人」と思われていたような気がします。

改革派と呼ばれる官僚がめっきり少なくなる一方、当時このような「かわいそうな人」のイメージが背景にあったためか、私はよく「たった一人でこんなつらい目にあっても、信念をつらぬけるのはなぜですか？」「あきらめようと思うことはないんですか？」といった質問を受けました。「天下りしたほうが楽な生活を送れるのに、地位やお金に執着せずにいられるのはどうしてですか？」などと聞かれたこともあります。経済産業省を辞めた後も、「古賀さんはどうしてそんなに闘い続けられるの？」と尋ねられることが少なくありません。

でも、私自身は「信念をつらぬこう！」「あきらめてたまるか！」などと肩に力を入れて生きてきたわけではありません。ただ単に、正しいと思ったことをやろうとしたら、闘いになってしまうことが多かった、というだけのことです。政治家や官僚、あるいは言論界の方々と議論したり、闘ったりするわけですが、日々反省することも多いですし、落胆したり、後悔したりの繰り返しで、正直に言えば毎日が挫折との闘いです。

いま、私があきらめずに頑張り続けていられるのは、私の活動を応援してくださる方々がいるからです。みなさんから心のこもった言葉をいただくと、落ち込んでいるときもハッと我に返り、急に元気が出てきて心が前向きになります。

こんな私ですから、改めて「どうして信念をつらぬけるのか」と尋ねられると、一言でお答えするのは難しいように感じます。

しかし、マンデラさんの言葉によって目を開かされた経験を思い起こすと、自分が「格好よいな」と感じたり「こうありたい」と願ったりする純粋な気持ちが、強い信念を生むことはあるのかもしれないと思います。もしかすると、この例のように、私がこれまでにどのような経験を積み、その時々で何を考え、どう行動してきたかをお伝えすることによって、「どうすれば信念をつらぬけるか」という質問に対する、なにがしかの答えのようなものを読み取っていただくことはできるかもしれません。

この本では、私の子ども時代から現在までを振り返りながら、思考の過程や物事のとらえ方などをまとめてみることにしました。

日本はいま、崖っぷちに立たされています。いずれ、否応なく変革期を迎えざるを得ないことでしょう。これまで信じてきた価値観が、大きく覆《くつがえ》されることもあるかもしれません。

このような激動の時代を生き抜いていくみなさんが、折れない心や強い信念を持つことは、よりよい変化を導くための助けになるのではないかと思います。本書が少しでもみなさんの参考になれば、著者としてこれに勝る喜びはないと思っています。

第1章

最初からやりたいことがある人なんていない

小学生の頃から強い人、偉い人より「普通」の人が好きだった

大臣官房付となってからというもの、ずいぶんたくさんの方々から励ましの言葉をいただきました。

退職する直前の2カ月ほどは、秘書もいなくなり、経産省に電話をかけて「大臣官房付の古賀さん」と言えば私に直接電話がつながりましたから、さまざまな方から電話がかかってきたものです。なかには話が止まらなくなってしまう人もいましたし、何枚もの便せんに言葉を書き連ねた手紙を送ってくださった方もいました。「虐《しいた》げられている者同士、ともに闘いましょう！」と、社会的弱者の方々を支援する団体の方から会合へのお誘いをいただいたこともあります。時には、「この人はちょっとおかしいな」と思うような手紙もありました。きっと、端《はた》から見れば「あれだけいろいろな人から手紙や電話がきたら、まともに相手をしていられないだろう」と思われるような状況だったのではないかと思います。

でも、私はどれもうれしかったのです。あまりに多くの方々から手紙などをいただい

たので、一人一人に返事を書くことができなかったのですが、たまたま私に電話がつながったときは、用事がない限りはお話をしていましたし、自分の活動とはまったく関係のない会合でも、「せっかく呼んでいただいたんだし……」と顔を出してみたこともありました。

思うに、私は根本的に「人が好き」なのです。どんな人にも長所と短所があります。人から嫌われていたり、馬鹿にされたりしていても、付き合ってみると優しいな、とか、意外に義理堅いな、とか、よいところが見えるものです。それとは逆に、私は有名人とか肩書き的に偉い人だからというだけで興味を持つことはありません。特に、強い立場にいて、それをひけらかしているような人は大嫌いです。これは、幼い頃から変わらない、私を形作る性質の一つです。

私は1955年、長崎県北松浦郡鹿町町《しかまちちょう》（現在は佐世保市）で生まれました。父親は石炭の会社に勤めるサラリーマンで、母親は専業主婦。父の転勤にともなって3歳で東京に引っ越してからは東京と神奈川を転々とし、小学校時代は転校を重ねて3つの学校に通いました。

小学生の頃はとにかく自然が大好きで、真っ暗になるまで外で遊んだものです。当時の横浜の郊外はまだたくさんの田んぼと森や小川があるのどかな田舎町でしたから、神奈川に住んでいた頃は、小川でメダカやフナを捕り、ゲンゴロウやタイコウチを眺め、友達と山で何十匹もカブトムシをつかまえ、あけびの実をもいで食べ……毎日、どろんこになって自然のなかでのびのびと過ごしました。

私は、誰とでも分け隔てなく友達になる傾向がありました。振り返ってみると、いわゆる〝落ちこぼれ〟の子やクラスのなかで目立たない子が私のまわりには多かったように思います。

小学校5年生のときには、クラスで不良と言われて誰も近づかないような子と仲よくなり、一緒に遊んでいました。彼は身体《からだ》が大きく、すぐ暴力をふるうのでみんなからこわがられていましたし、先生からはいつも怒られてばかりいましたが、ちょっと話をしてみたら結構いい奴だったのです。家に遊びに行くと、なかは足の踏み場がないほどめちゃくちゃで、年の離れたお兄さんは暴力団員のような風貌《ふうぼう》。子ども心に「この子が不良になっちゃったのには理由があるんだな」と思いましたが、一緒に遊んでいるときの彼はうれしそうで、私はそんな彼を見ることに喜びを感じていました。

やはり同じ年でしたが、私は、横浜から東京に引っ越して来て、リトルリーグというものの存在を初めて知りました。うちの近くのチームには運動神経のよい子ばかりが集まっていて、ピカピカのユニフォームと硬式野球用のバットと高そうなグローブなどを持って、休みの日に近くの野球場で大人のコーチの下で練習をしていたのです。それを見た私は、自分もチームを作ろうと思いました。しかし野球ができる子はみんな既存のチームに入っていましたから、私が作ったチームに入ったのは、コロコロ太っていて運動が苦手だったり、引っ込み思案だったりする子ばかり。そこそこプレーできる子は2人くらいしかいませんでした。ユニフォームもなければ、バットも1本しかありません。

そんな状況で無謀にもリトルリーグのチームに試合を申し込んだのですが、「お前らなんかとじゃ試合にならない」と言って相手にされませんでした。なんとか頼み込んで、試合をしてもらったのですが、もちろんまったく歯が立たず、こてんぱんにやられてしまいました。結局、試合をしてもらえたのはその一度きりだったのですが、プライドをズタズタにされた気分になりながらも、仲間たちと「悔しいな」「次は頑張ろうな」と言い合ったのは、楽しい思い出です。

私は、いわゆるエリートとか、お金持ちとか、地位の高い人というのは苦手です。どちらかと言うと、そうではない言葉で表すのは難しいのですが、「普通」の人とでも言うのでしょうか、そういう人に対して愛着を感じます。特別な人ではなく、普通の人こそ大切にしたいと思います。そして、いまから振り返ると、この「普通の人が好き」という気持ちがあるからこそ、経産省のためではなく「国のため」「国民のため」という軸がぶれなかったのだと思います。

特別に優遇される立場にない、普通の人を大切にしようと考えれば、自分だけが身分を安定させたいという発想は生まれません。誰かが努力して生み出したものの上前《うわまえ》をはねる、楽をして生活しようとすれば、ほかの人たちに対して「恥ずかしい」という気持ちになります。他者を思いやる気持ちとか、「自分がいまやっていることが、世の中全体に対してどんな結果をもたらすのか」を想像する力というのも、そういう単純な気持ちから生まれてくるような気がします。もちろん霞が関的な「自分が所属する組織だけを守りたい」という考え方など出てくるはずはないのです。

「われわれは地底人だ！」

私の両親は九州出身です。父は貧しい家庭に育ちましたが、成績がよく、海軍経理学校を卒業後、書生をやりながら最初は大学の夜間部に入り、最後は昼間部に転入して卒業したと聞いています。母も女学生の頃、父（私の祖父）をなくし、結構苦労したと聞いています。２人ともいわゆるエリートではなく、私にも「勉強しろ」とうるさく言うことはまったくありませんでした。

それでも両親が私に中学受験をさせたのは、たまたま私の成績がよかったからでしょう。「せっかくだから受けてみたら？」という程度の気持ちだったのではないかと思います。私立の麻布中学と、国立の東京教育大学附属駒場中学（現在の筑波大学附属駒場中学）を受験し、麻布中学に合格して進学しました。

麻布は、中高一貫の男子校です。東大合格者数では全国の高校のなかで毎年トップ10に入る学校で、いまはずいぶんお行儀のよい進学校になってしまったようですが、私が通っていた頃はちょっと極端なくらい自由闊達《かったつ》な校風に特徴がありました。

当時は70年安保の前後で学園紛争の嵐が吹き荒れていたため、毎年一回はストライキがありましたし、学校がロックアウトになって授業がなくなるのも、ごく普通の光景でした。生徒は教師が出席を取ることを許さず、遅刻をするのは当たり前、授業中に「今日は暑いなぁ」とアイスクリームを食べながら教室に入ってくるクラスメートもいました。それどころか、まったく学校に来ず、たまに来たと思ったら出席簿を持ち帰って勝手に書き換える生徒もいたほどで、〝無秩序〟と言っていい状態だったのです。

卒業後、ずいぶん経ってから当時の体育の先生に会ったのですが、先生は「いやぁ、最近の生徒は『整列!』って言うとちゃんと並ぶんだよなぁ。お前らは、いくら『整列!』って笛吹いても、勝手にサッカーをやったりテニスをしていたりして、絶対に並ばなかったもんな」とおっしゃっていました。

また麻布では、成績のいい人もそれなりに評価はされましたが、それよりも「バンドをやっている」「スポーツに秀《ひい》でている」「政治活動に身を投じている」「人を笑わせるのがうまい」といった特徴のある人のほうがクラスメートからはるかに高い評価を得ていました。遊び心のある友人も多く、アイデアのあるいたずらは尊ばれたものです。10人ほどで教室の床下に潜り込んで別の教室の床下まで這《は》って行き、授業中の教室の下で「われわれは地底人だ！」と声を響かせたり、授業中の教室に出前のラーメンをとってみたり。当時流行《はや》ったいたずらを挙げればきりがありません。

逆に、勉強ばかりしている〝ガリ勉〟は徹底的に嫌われました。大学に進むことをバカにしている友人は多く、たとえ大学に進学しても、途中でやめてしまう人、卒業後に定職に就かない人もたくさんいました。そして、それが恥でもなんでもなかったのです。いまでも同窓会では「あいつ、大学行ったっけ？」というような人が大きな顔をしていきます。大学を出ていようと出ていまいと誰も気にしないし、本人も引け目など微塵《みじん》も感じないのが、麻布の気風でした。

個人的に思い出に残っているのは、キャンプ同好会を作って友達と山や海に出かけたことです。何かやりたいことが見つかると人を集め、力を合わせゼロからやってみるというのは、私の行動パターンの一つ。中学1年生の夏休みに友達と多摩川に遊びに行ったのがあまりに楽しくて「これは泊まりで遊びに行かなくちゃ」という話になると、すぐ同好会を作りました。

キャンプ同好会のメンバーは10人ほどで、毎月一人100円ずつ会費を集め、まずは激安のテントを2張りと、飯盒《はんごう》、固形燃料を購入。いよいよ多摩川上流にある秋川渓谷へと向かったのは、中学2年生の夏のことでした。

しかし、当時はハウツー本もありませんでしたから、キャンプの知識はほぼゼロ。「川で魚を捕って食べよう」と相談していたものの、友達が持って来たのは、海釣り用の巨大な釣り針とリールがついた釣り竿でした。もちろん、魚など釣れるわけがありません。飯盒を持って行ったものの、米の炊き方もよく知らず、しかたがないので持って行ったカレールーや缶詰、パンなどを食べていました。

また、お金がなかったのでテントの下に敷くシートは買っておらず、かわりに新聞紙をたくさん持って行ったのですが、川の上流ですから周辺の石は大きくゴツゴツしています。新聞紙を敷いた程度では硬い石の上に直接寝ているようなものですし、日中たっぷりと日差しを浴びて焼けた背中がヒリヒリと痛み、寝られたものではありませんでした。そのうえ2日目には夜から雨になってしまい、安テントは雨漏《あまも》り。夏とはいえ、山ですから夜は非常に冷え込みます。雨に濡れ、寒さに震えて夜を明かすことになりました。

それでも、私たちはめげませんでした。前回の経験をふまえ、お金を貯めてテントの下に敷くシートを買い、中学3年生の夏は海でキャンプをしたのです。このときも、テントが波にさらわれたり、夜の海辺でロケット花火を打ち合う「戦争」ごっこをしていたら村の駐在さんがやって来たりと失敗続きでしたが、当時の思い出は鮮明に脳裏に焼き付いています。夜行船の甲板《かんぱん》を流れる雨水、ぷかぷかと波間《なみま》に浮かぶサンダル、段ボール箱から飛び出して道に転げ落ちたジャガイモ……。

反権力志向はこうして生まれた

私は普段、サッカー部でサッカーに明け暮れていたので、政治活動をする暇はありませんでした。しかし学園紛争の嵐のなか、「役人は敵だ」「警察は権力の犬だ」といった意識は強く持っていたように思います。

念のために補足しておくと、私は公務員のなかで警察官と消防士の方々が一番立派だと思っています。毎日命を張って国民のために働いていて、職務中にケガをしたり亡くなったりする方もいるほどなのですから、非常に尊い職業であることは間違いありません。

しかし一方で、学園紛争のさなか、ヘルメットをかぶって校長室を占拠した友人たちが警官隊に連行されるといった経験もしました。当時の麻布文化にどっぷりと浸《つ》かっていた私が、警官と聞けば「敵だ」と身構え、「役人になるのはロクな奴じゃない」「国家公務員になんか死んでもなるものか」と考えていたのは、自然なことだったように思います。

高校生のときに「麻布高校特有の文化がある」と感じていたわけではありませんし、卒業後もしばらくはとくに麻布と自分の人格の関係ということを意識したことはありません。しかし、いま振り返ってみると私が知らず知らずのうちに麻布カルチャーから大きな影響を受けていたことは間違いありません。

そして、こうした中学・高校時代の体験は、大学進学後も尾を引くことになります。

東大になじめず、ドロップアウト状態に

1974年、私は麻布高校を卒業し、東京大学文科一類に進学しました。

東大を受けたのは、麻布高校ではそれが普通のことだったからです。高校時代はみんな遊んでばかりで勉強しないので、麻布の生徒は東大に一浪で入るケースが多いのですが、現役時には「落ちてもいいから東大を受けるのが当然」という雰囲気がありました。

東大の文科一類は、大学3年生からの専門学部で、主に法学部に進学する科類です。法学部を選んだのも、とくに理由があったわけではありません。

私はもともと数学や理科が得意で、学年では成績はいつも上位でした。高校3年生の半ばまで理系だったのですが、自分が理系学部に進んで実験に勤《いそ》しむイメージは持てませんでした。古文の授業で『源氏物語』を習って「おもしろい」と感じたことをきっかけに文系に転向したものの、本を読むのが好きなわけではなかったので、文科三類（専

門学部で主に文学部に進学する科類）を選ぶのも何か違う感じがしていました。そんなこんなで「どうしようかなぁ」と考えていたところ、周囲から「文科一類に入っておけば、法学部以外の専門学部にも進みやすいらしい」と聞き、「それならとりあえず文一を受けよう」と決めた、というだけのことだったのです。

高校3年生の6月までは、東大の文系受験に2科目が必要な社会科をまったく勉強していませんでしたし、もともと暗記は大の苦手だったので、模試の世界史の点数を見て「現役での合格は無理だろうな」と思っていました。そのうえ2次試験当日は、得意の数学で失敗。「これは間違いなく落ちた」と合格発表日まで暗い毎日を過ごしていたのですが、運よく現役で合格することができました。

しかし、いざ入学してみると、私は東大の雰囲気にまったくなじめませんでした。学内は雰囲気が暗く、なんだか陰湿な感じがしました。実際に東大の照明が暗いせいもありますが、それだけではなく、「気のきいた」遊び心という雰囲気が感じられないのです。

私が最も反発を感じたのは、東大では授業の出席を取っていたことでした。麻布の自由な校風のもとで育った私には、「学校では出席を取るものだ」という感覚がありませんでしたし、大学というのは自主的に学ぶために来る場所なのに、そこで出席を取る大学の姿勢も理解できなかったのです。「大学生相手に出席を取るなんて、東大はせこいなぁ」と感じ、学生同士が「代返《だいへん》、頼むよ」などとやっていることも、嫌で嫌でたまりませんでした。

東大の多くを占める〝ガリ勉〟（私の定義では「就職とか試験での好成績だけを目標とする勉強ばかりしていて、ほかの大事なことに価値を見出《みいだ》さないように見える人」）とは、あまり仲よくなれませんでした。サボった授業のノートを借りると、貸し主から「古賀はずるいよな、俺にノートを借りておいて俺より成績がいいんだよな」と言われ、不快な思いをしたこともありました。麻布文化なら、ここはきっと「お前、俺のノートでいい点取ったんだから、何かおごれよ」などと笑って冗談を言うところです。借りておいて言うのもなんですが、「そんなに嫌な顔をするくらいなら、最初から貸さなければいいじゃないか」と思ってしまいました。

最初の頃は授業に出ていたものの、暗い雰囲気や〝ガリ勉〟の群れにはなじめず、そのうち、大学にはほとんど行かなくなりました。出るのは、進級に必須だった体育の授業だけ。入学から半年ほど経った頃には、半ばドロップアウト状態になっていました。

暇に飽きるほど暇な日々、そして大学6年生となる

大学に行かなくなったからといって、何かに打ち込んだという記憶はありません。私の大学生活前半は、ただひたすらブラブラしていただけでした。麻布高校の友達のなかには、私のように大学になじめずにいる人が大勢いましたから、そんな友人と集まって音楽を聴いたり、ギターを弾いたり、退屈したらドライブに出かけて気分転換をしたりしていました。友達の家に行ってゴロゴロ寝転がっては、「やることがなさすぎて気持ち悪くなっちゃうよなぁ」などと言い合ったものです。

本当にやることがなくなると、大きなカセットテープレコーダーを持って出かけ、「サイコロを転がして1と6が出たらまっすぐ進み、2と5が出たら右に、3と4が出たら左に行く」というルールを決めて散歩をしました。このゲームには「後ろに進む」

という選択肢がないので、サイコロを転がすたびにどんどんおかしな方向に進むことになります。そうやって歩きながらくだらない会話を交わし、疲れると家に戻って録音した会話を聞いていていました。これはやってみると結構おもしろい遊びなのですが、いま振り返ると、「本当に暇でやることがなかったんだなぁ」としみじみしてしまいます。当時は、暇に飽きるほど暇でした。

あまりに暇だったので何かやりたいと思ったものの、大学に行く気にもなれず、既存のサークルに入る気にはなれませんでした。そこで大学3年生のときには、高校時代の友達を何人か集め、仲間の一人から女子大生を紹介してもらってテニスサークルを設立。それほど熱心にテニスに取り組んだわけではありませんが、〝遊び心〟に溢れた10人ほどのグループで、私の大学生活のなかでは、これが一番楽しい時間でした。私はようやく暇すぎる日々から脱却したのです。

そしてこのサークルを作ったことは、後に私の人生に大きな影響を与えることになりました。サークルを立ち上げるために最初に紹介してもらった女子大生が、大学卒業後、私の妻になったのです。

3年生の後半になると、さすがに「このままでは何も勉強せずに終わってしまうな」と気づき、憲法や民法などごく限られた数ですが、講義に出席し始めました。法律は勉強してみるとおもしろく、興味を持った科目はまじめに授業を受け、ノートも取るようになりました。しかし3年生の前半まで大学をサボり続けていたわけですから、単位はまったく足りません。4年生になる時点で、留年は確定的でした。

当時は大学4年生で就職活動を始めたり、公務員試験や司法試験を受けるのが一般的でしたが、大学にあまり行かなかった私はそういった情報もほとんど知りませんでした。周囲の友人たちが司法試験を受けると聞き、「じゃあ俺も受けてみようかな」と言って、「試験の申し込みはもうとっくに終わっているぞ」とあきれられてしまったほどです。

5年生のときに今度は試験の日程だけはしっかり確かめて司法試験を受けてみましたが、もちろん不合格。試験向けの勉強をしていないだけでなく、試験科目になっている法律のなかにも教科書さえ持っていないものがあったほどですから、当然の結果だったと思います。

こんなのんびりした生活を続けていた私に、両親は何も言いませんでした。私は親の言うことを聞かない性格ですし、それでもまあなんとかやってきていたので親もそれほど心配したりせず、放任していたのではないかと思います。

やっと卒業の目処《めど》が立ったときには、すでに大学に入学してから6年目を迎えていました。

なぜ興味のなかった国家公務員の試験を受けたのか

当初、私は暢気《のんき》なもので、「2留した程度なら働くところはなんとか見つかるだろう」と考えていました。もっとも、就職するといってもやりたいことがあったわけではなく、働くことに対するイメージは非常にあいまいなものだったと思います。

そんな私に、「2年の留年は大きなハンデだぜ。民間企業への就職は厳しくなるぞ。公務員試験なら2年留年までは大丈夫だから、受けるだけ受けておいたらどうだ」とアドバイスしてくれた友人がいました。その時点で、私は役人になる気などまったくなかったのですが、「友達が言うように、民間企業に就職できなかったら困る……」と思い、

「〝保険〟として国家公務員上級職試験（2011年度までの国家公務員採用Ⅰ種試験に該当）も受けておこうか」と考えて、あまり深く考えもせず応募書類を取り寄せたのです。

しかし、そこに記載された受験科目を見て、「これは受けても無意味かもしれないなぁ」と思いました。というのも、受験科目に「行政法」と「労働法」があったからです。

東大の法学部は「公法」「私法」「政治」の各コースに分かれており、国家公務員志望者は「公法」に進みます。公法とは、国家の組織や国家と国民の関係について定める法律のことで、受験科目にある「行政法」は公法に含まれます。公務員になりたい人は、みなこのコースを取るのが普通でした。一方、私が専攻したのは、主に司法試験を目指す学生が進む「私法」。民法や商法は学んでも、行政法や労働法は必修ではありませんでした。「まったく知らない科目が2つもあるのでは、受けても無駄だろう」と思ったわけです。

しかし試験の応募書類を読んでみると、「1次試験は選択式」と書かれています。これは「選択式で解答するテストですよ」という意味なのですが、私は「科目が選べるなら、行政法や労働法は選択せずに済ませられるだろう」と早合点《はやがてん》し、応募書類に記入して受験の申し込みをしました。

もともと、それほど「受かりたい」という熱意がなく、なんの準備もしなかったため、私が自分の勘違いに気づいたのは1次試験当日のことでした。教養試験が終わって専門科目に移ると、ところどころにまるでわからない問題が出てくるのです。それらは、どうも労働法や行政法に関する問題のようでした。そこで初めて「科目の選択ではなく、解答を選ぶという意味の『選択式』だったのか」と気づいたのですが、もちろん後の祭りです。

それでも、1次試験はなぜか合格。おそらく、教養試験で得点を稼げたのでしょう。しかし合格通知を見て、私はまた頭が痛くなりました。そこには2次試験の日程と科目が書かれていて、受験科目は「憲法」「民法」「行政法」の3科目とあったからです。

先ほども言ったように行政法はまったく勉強したことがありませんでしたし、2次試験は記述式ですから、あてずっぽうに答えるわけにもいきません。そして、2次試験まで残された時間は1週間くらいしかありませんでした。

「さすがに3科目のうち1科目がまったくわからないのでは受かるはずがないだろう」と受験をあきらめかけたのですが、ここでも友達が「受けておいたほうがいいんじゃないか」と勧めてくれました。「友達がそこまで言ってくれるなら……」と翻意《ほんい》したのが、受験まであと3日というタイミング。受けると決めるとその足で書店に飛び込み、行政法の参考書のなかで最も薄いものを選んで購入し、3日間かけて読み終えました。これぞ、まさに〝付け焼き刃〟です。「ぜんぜんわからない。やっぱり、一度読んだくらいじゃ無理だよなぁ」——これが、参考書を通読した感想でした。

ちなみに、私は後にも先にも、このとき以外に行政法をちゃんと勉強したことはありません。行政法をろくに学ばなくても官僚になれるというのは、よく考えるとおかしな話ですが……。

運が強いと言うべきか、2次試験の行政法で出題された問題は民法と行政法の境目の問題で、まったくわからない内容ではありませんでした。なんとかもっともらしいことを書き、答案用紙を埋めることができたものの、自分が書いた解答で試験に受かるとはとても思えませんでした。

カチンときた大蔵省の面接

おもしろいことに、各省庁では、国家公務員試験の合格発表前に事実上の面接が始まるならわしになっています。

当時の就職活動の解禁日は10月1日で、試験の合格発表は10月6日頃でした。国家公務員試験の1次試験に合格している人は夏の間に志望する省庁を訪問し、秘書課の「非公式の」面接を受けるのです。そうやって10月1日より前に実質的な内々定をもらっておき、10月1日に正式な秘書課長面接を受けるわけですが、その時点では2次試験の結果はわかりません。万が一、2次試験に落ちていれば、内々定は取り消しとなります。

そして正式な内定は、その後11月1日に官房長面接を受けてからという、非常にまどろっこしいものなのですが、実態としては各省庁の入省枠は、夏場にほとんど埋まってしまう仕組みになっていました。

しかし、元々公務員になりたいと思っていたわけではないので、公務員の採用について詳しいことはまったく知らなかった私は、まさか合格発表前に官庁回りをしなければならないなどとは夢にも思いませんでした。合格発表は10月だし、民間企業の就職活動が始まるのも10月1日だから、夏の間はのんびりしていればいいのだと決め込んでいたのです。6年生のときは司法試験も受けており、短答式試験に合格して論文式試験も受験したため、「試験が終わった！」という解放感から、夏休みは遊んで過ごしていました。

私が間違いに気づいたのは、たまたま夏休みの終わり頃に大学へ行く用事があり、キャンパスを歩いていたときでした。スーツ姿の学生が何人も歩いていて、私の友人もみな、スーツに身を固めています。不思議に思って「このクソ暑い時期にどうしてスーツなんか着てるの？」と尋ねると、「官庁訪問だよ」という答え。「えっ、官庁訪問って10月からじゃないの？」と驚く私に、友達は「そう言えば、お前も公務員試験受けてたよな。もう、ほとんど決まってるぜ」と言うのです。

公務員になりたかったわけではありませんが、「ほとんど決まっている」と言われると、なんとなく焦りを感じました。「スーツはどこで買ったの？」と聞くと、「スーツなんかどこでも売ってるよ。でも、デパートは高いぞ」と言われ、家の近所の紳士服量販店に駆け込んで一番安いスーツを購入。やっと官庁回りを始めたのは、残暑が厳しい9月初旬頃だったと思います。

私が訪問したのは大蔵省と通産省、それから建設省です。

役所にまるで興味がなかった私でも、公務員志望者の間で大蔵省と通産省は人気があることぐらいは知っていました。とはいえ、大蔵省や通産省に採用してもらえるとは思えず、たまたま父がゼネコンに転職していたこともあって、建設省も回ることにしたのです。まったく下調べもせず、どれも子どものような発想で選んだ訪問先でした。

ちなみに後で知ったところによると、当時の官庁で人気が高かったのは、1番が大蔵省、2番が通産省、次いで農水省と自治省、警察庁だったそうです。

最初に訪問したのは、大蔵省でした。足を踏み入れて抱いた印象は、「暗いなぁ」。建物のなかが薄暗いだけでなく、なんとなく陰気な雰囲気が漂っていました。秘書課のある2階の廊下には立派な赤い絨毯が敷き詰めてありましたが、これは私の感性に合いませんでした。

　応対してくれた秘書課長補佐も、あまり感じがよくありませんでした。省庁を訪問すると、面接官に会う前に履歴や大学の成績などを書類へ記入させられるのですが、彼は私に関する書類を見ながら、「ふーん、麻布ねぇ。麻布は多いからな」と言うのです。馬鹿にしたような物言いに、私は内心、「この野郎」と思いました。

　そんな私の気持ちになどおかまいなしに、課長補佐は「成績はいいんだな」と続けました。大学にあまり行かず、友人と成績の話をしたことがなかった私は、このとき初めて自分の成績がまずまずであることを知りました。

　東大の成績評価は上から順に「優」「良上」「良」「可」「不可」の5段階。私は知らなかったのですが、就職活動に熱心な学生の間では、「不可」は論外、「良」と「可」は負け、「良上」は引き分け、「優」は勝ちとして、成績を「○勝×分け△敗」とカウントしていたそうです。この方式にならえば、私は「良上」が3つで後は全部「優」だったので、「負け」はなかったことになります。

元々私自身は成績にまったく関心を持っていませんでしたし、優の数だけは多かったかもしれませんが、内容は決して威張れるものではありません。なぜならそもそも2年も留年していて、単位を取得したのも卒業に必要な最低限の科目だけでした。ほかの人より長い時間をかけてぎりぎりの単位しか取らなかったのですから、「優」が多くても不思議ではないでしょう。

それに私には、関心を持った学科は一生懸命勉強するものの、興味のない学科はさっぱり頭に入らないという弱点もありました。「成績がよい」と言われたところで、とても誇らしい気持ちにはなれません。

成績のことなんかより、私は課長補佐の木で鼻を括《くく》ったような対応に腹が立ってしかたがありませんでした。面接の間じゅう、「この人は私のことを嫌っているのだろう。どうせ面接してもらっても無駄だから、一刻も早く帰りたい」と思っていました。

ところが、いざ面接が終わると、課長補佐は「次の面接は○日だから、来たまえ」と言うのです。「こんなに傲慢《ごうまん》な態度を取っておいて、一体何を考えているんだろう?」と、さっぱりわけがわかりませんでした。

通産省の練りに練られた採用戦略

次に訪れたのは、通産省でした。

後で聞いたところによると、私が訪問したときにはすでに採用者はほぼ決まっており、「大蔵省とかけもちの学生は何人か抜けてしまう可能性があるから、追加でもう少し採っておこう」という大詰めの段階だったようです。しかし面接を担当した秘書課長筆頭補佐はそんなことはおくびにも出さず、大蔵省とは対照的に、非常に優しく対応してくれました。「よく通産省に来てくださいました」と、言葉も態度も驚くほど丁寧。面接では通産省の仕事がどんなにやりがいがあっておもしろいのかを説明してくれ、面接が終わると「若い人たちに実際に会ってもらったほうが、仕事内容がわかりますよね」と言って、課長補佐クラスと私を会わせ、話をさせてくれました。

官庁の面接は、通常、どこの省庁も4、5回行います。この間に志望者の質を判断し、内定を出すべきか否か決定するのです。毎回、大蔵省は横柄《おうへい》な態度なのに、通産省は〝クソ〟がつくほど丁寧な対応でした。

数度の面接を経て、あれほど「役人にはなりたくない」と思っていた私の気持ちは、徐々に「通産省の役人にならなってもいいかもな」と好意的な方向に傾いていきました。というのも、通産省で会った若手の課長補佐が、みな素晴らしい人たちばかりだったからです。仕事をエネルギッシュにこなす〝超〟のつくやり手で、しかも仕事ばかりでなく、スポーツや趣味などの話題も豊富で、彼らの話はとてもおもしろく、社会経験がまったくなかった私の目には非常に魅力的に映りました。

「この人たちのようになれるなら、通産省に入りたい」——実は、こう思わせるのは通産省の採用戦略。丁寧な対応もすべて〝計算ずく〟です。しかしそんなこととはつゆ知らず、私は通産省の役人全員が凄い人たちなんだと思い込み、通産省を志望する気持ちが強くなっていきました。大蔵省からも内々定がもらえそうな感触を得て、そのことを両親に伝えると、「大蔵省に行ったほうがいいんじゃないの？」と言われましたが、面接を通じて「大蔵省は自分には合わない」という思いを強くしていた私は「公務員になるなら通産省を選ぼう」と考えていました。

建設省は成績重視!?

建設省は一度訪問したきりで、二度と行くことはありませんでした。

私が訪問したとき、建設省の面接官は露骨に「いま頃来られてもなぁ」という表情を見せ、「じゃあ、書類に記入して。しばらく待ってもらうけど」と言いました。その頃、採用はすでに「これ」と目をつけた学生を囲い込む段階に入っていて、連日、学生を面接に呼んで拘束している時期だったのです。周囲を見ると、私より先に来た学生が数人、面接を受けようと待ち構えていました。

ところが書類を記入して提出すると、面接官は順番待ちをしているほかの学生を無視して私を呼んだのです。不思議に思いながら部屋に入ると、面接官は先ほどとはまるで違う態度で「君、成績いいですねぇ」。そして、ろくに面接もしないまま「うちに来ませんか」と言うのでした。

学歴や成績は、運にも左右されるものです。勉強した結果がすべて成績に反映するとも限りません。ましてや、人間性や将来の仕事の能力は、成績などで推し量ることはできません。

私の経験では、勉強ばかりして「優」の収集に血道をあげていた学生は、嫌な奴と相場が決まっていました。もちろん、世の中には成績優秀で性格がいい人もいます。寝転がって本をざっと読んでも一度ですべて頭に入るような、飛び抜けて頭のいい〝天才〟は、成績をひけらかすこともないし、人間性も悪くはないものです。しかし、普通の人が成績を上げるにはなんらかの犠牲をともないます。勉強することは大切なことですが、なかには成績のことしか考えられなくなって人間として大事なことを忘れてしまう人たちもいるのです。

たとえば、青春をすべて犠牲にして勉強だけに時間を費やしていた学生たちを見ていると、友達関係も功利的に考える傾向があります。勉強の役に立つ人とは付き合うのに、そうでない付き合いは無駄だと切り捨てる人もたくさんいました。

朝から晩まで勉強して大学に入り、就職活動を有利に進めたいばかりに「優」の数を揃えるようなタイプは、鼻持ちならない人や意地悪な人が多いと感じます。あたかも成績や学歴のみで人格や能力が決まるかのようなことを言う人も、このタイプによく見かけます。東大には、このようなタイプの人が多かったように思います。

私はこの手の人が大嫌いなので、建設省の面接に一度で嫌気がさしてしまったのでした。

学歴や成績に対する価値観は、省庁によって異なります。通産省は面接で大学の成績に触れることがなく、私は「人物本位の採用だ」と感じていました。入省後も、内部で公務員試験の成績を話題にしているのを聞いたことがありません。

他方、大蔵省（当時）では、「あいつは公務員試験を断トツのトップで合格した」といった話がよく飛び交っていたと言います。実際、公務員試験の成績は、後々の出世まで響くようです。もしかすると、霞が関のなかでは通産省が特殊だったのかもしれません。

民間か公務員か、迷いに迷った1カ月

通産省と大蔵省から実質的な内々定が得られたものの、私には大きな不安がありました。面接を受けながら、私はずっと「2次試験には落ちている可能性が高いのに……」「いくら内々定をもらっても、結局はおじゃんになるに違いない」と考えていたのです。

このときの私の心配は、後にほとんど杞憂《きゆう》だったことがわかりました。というのも、2次試験では辞退者が出ることも想定してかなり数に余裕を持って合格者を出すものだからです。

しかし、そうとは知らない私は、試験の結果にまるで自信が持てませんでした。

一方、通産省側には別の心配があります。通産省の面接にやって来る学生の多くは、私のように大蔵省とかけもちしています。この場合、普通は「第1志望が大蔵省で、通産省は第2志望」というパターンになります。大蔵省から色よい返事をもらっている学生は、たいていが解禁日の10月1日に大蔵省に行ってしまいますから、通産省にしてみれば「10月1日に目をつけていた学生が来てくれるかどうか」が勝負ということになり

ます。

学生の私はこうした裏事情などまったく知らず、秘書課の課長補佐に「試験は9割方落ちていると思います。落ちたら通産省には採用していただけないのですから、10月1日は民間企業を回らせてください。ここで出遅れたら、どこにも行けなくなります」と訴えました。しかし課長補佐は「それはだめです。10月1日には必ず来てください」と言い、とりつくしまもありません。そうは言われても、私も就職がかかっていますから必死です。「万が一試験に合格していたら通産省以外には行きません」と、一生懸命説得しました。

最後は課長補佐が折れてくれ、無事に民間企業を回れることになったのですが、9月30日の夜には電話で「やっぱり明日、少しでいいから顔を出していただけませんか」と言われました。民間企業の面接予定がびっしり入っていたので断りましたが、通産省も必死だったのでしょう。

10月1日からの3日間は、民間企業回りに精を出しました。面接を受けたのは、日本興業銀行、日本長期信用銀行、東京海上火災保険の3社（いずれも当時）。この3社を選んだのは、公務員志望者枠があり、「省庁から内々定をもらっている学生にも門戸を閉ざさず会ってくれる」と聞いていたからです。

いまの時代では考えられないようなことですが、当時は、まだ日本経済の成長が続いている時代で、就職戦線は売り手市場でした。訪問してみるとどこも感触はよく、結局あっさりと内定を出してもらえました。「2年も留年していては民間企業は厳しい」と聞かされていたので拍子抜けし、私は「国家公務員試験なんか受けなければよかった……」と後悔し始めます。

もともと役人になりたいとは思っていなかったので、迷いに迷いました。リミットは、11月1日。この日に官房長に会えば、通産省に行かざるを得なくなります。民間に行こうかと考えると面接官の課長補佐の顔が頭をよぎり、私は10月いっぱい悩み続けました。

選択肢が目の前に並び、自分が選ぶ立場になって初めて、私は真剣に自分の進路を考えることになりました。そこで気づいたのは、「自分は何のために働きたいのか」ということです。

民間企業の面接を受けると、毎度、面接官から「なぜこの会社を選ぶのか」と尋ねられます。私は自分が受けている会社がどんな仕事をしているのかよくわかっていなかったのですが、少ない知識をもとに一生懸命考えて答えるうちに、いつも最後は「○○のような仕事ができたら、世の中のためになると思うから」といったことを口にしている自分に気づいたのです。

突き詰めて考えてみると、私には「お金のために働く」という発想がありませんでした。私の思いは「人の役に立ちたい」「世の中のためになることがやりたい」というところにあるのかなと思いました。それまで面接で聞いてきた通産省の仕事は「国のために大きな仕事をする」という点で私の志向にぴったりくるような気がしてきたのです。

一方、「興銀や長銀、東京海上なら、公務員より高い給料がもらえる」という話を聞いても、そういうことにはあまり関心が湧きませんでした。

お金に対する執着が薄いのは、おそらく「裕福ではないけれど、そんなに貧しくもない」平均的なサラリーマンの家庭に育ち、また、日本が高度経済成長を遂げて世の中全体が右肩上がりに豊かになっていった時代に私の家も少しずつよい生活ができるようになっていった、という経験を幼少期から青少年期にかけてしたことも影響しているのではないかと思います。

結局、最後は通産省で出会った人たちの魅力が決め手となり、ついに私は官僚の道を歩み始めることになったのです。

第2章 愚痴るかわりに行動する

官僚1年生の仕事は過酷でつらいだけ

1980年、私は通産省に入省し、工業技術院総務課という部署に配属されました。「変なところに入っちゃったなぁ」と思ったのは、初日の歓迎会が終わった後のことでした。片付けを手伝おうと思ったのですが、周囲の人がみんな「いいのよ、歓迎会なんだから」と言ってくれたのでやることがなくなり、2年生の先輩に「失礼します、帰ってもいいですか？」と尋ねたのです。すると横から課長補佐が「なんで君は手伝わないんだ」と言うので、素直に片付けを手伝ったのですが、片付けが終わってしまうと、いよいよやることがなくなりました。ところが、課長補佐はいつまで経っても「帰っていいよ」と言わないのです。

面接を受けているとき、秘書課の人たちからは「仕事がなければ帰っていい」と聞いていたのですが、現場には「1年生が先輩より早く帰るなんてとんでもない」という雰囲気がありました。「2年生の仕事を見て、ちゃんと勉強しろ」ということだったのでしょう。

しかし、官僚1年生の仕事はまったくおもしろくありません。長時間拘束される割には大半が「どうでもいい仕事」だったのです。私だって「最初から自分で仕事を見つけてバリバリこなせる」などと思っていたわけではなかったのですが、覚悟していた以上に上から与えられる仕事がくだらなくて、1カ月も経たないうちに私は目の前が真っ暗になりました。

役人の最大の行動規範は「リスクをとらない」ことでした。このため官庁では、何をやるにも勝手に決めてはいけないというルールがあります。たとえば、ある課で何かを決める場合、省内の全局全課に書類を回して意見を求めなくてはなりません。まったく関係ないと思われるところにも、「意見伺い」のために書類を回すのです。

私が所属する工業技術院の総務課にも、日々、大臣官房や各局から山のように書類が回ってきました。そして私の仕事の一つが、その書類を処理することでした。自分が内容を判断して「意見なし」だとか「こういう問題がある」などと書けばいいなら簡単な話なのですが、1年生の私が勝手に判断するわけにはいきませんから、全課員に書類を配布しなくてはなりません。
いまの時代ならメールで一斉送信すればすむのでしょうが、当時はそんな便利なものはなく、書類は何部もコピーする必要がありました。そのうえ昔のコピー機には分類してコピーするソート機能がついていなかったので、山のような書類を1枚1枚ばらして原稿台に置き、課員全員の分をコピーし、後で順番に並べるという面倒な作業もありました。さらに、コピー機はリースで「1回動かすといくら」という契約でしたから、動かす回数を減らして経費をカットするには「1枚の用紙に2ページ分をコピーし、カッターで半分に切って綴《と》じる」という作業まであったのです。回覧のために書類をコピーし、カッターで切って綴じるという仕事だけで、1日がほぼつぶれることも珍しくありませんでした。

もともと私はいくらでも寝られるたちで、学生の頃は10時間寝床にいても平気でした。食事をするのが遅いので、「寝る」と「食べる」だけで1日の半分くらいを費やしていた感覚です。後は新聞とテレビのニュースを見れば1日が終わるといった優雅な生活を続け、バイトらしいバイトもやっていませんでしたから、長い時間拘束されるだけでもつらく感じました。やりがいがあればまだしも、「いかにコピーを効率的にとるか」といったことばかり考えながら毎日夜中まで働かされるのですから、1年目は「どうしてこんな嫌な職場に来てしまったのだろう」と後悔してばかりいました。

地獄の答弁資料作り

もう一つ、1年目の主な仕事は、会期中の国会対応でした。

たとえば、明日の国会の予算委員会で、ある議員が質問するとします。経産省に関係のある質問があるかもしれないので、質問内容がわかるまでまずは待機です。質問内容が判明するのは、だいたい夕方以降、遅いときは深夜になります。質問が出揃ったら関係する課の担当に質問を振り分け、自分の課に関係する質問なら私が答弁《とうべん》資料を作るのです。

答弁資料は、当時はまず鉛筆書きの素案を係長に上げ、さらに課長補佐に上げます。係長から「書き直せ」と指示が出ればやり直し、課長補佐が見て「これは違うんじゃないの」と言えば再び書き直し……。素案にぐちゃぐちゃと殴り書きされた指示を読み取るのは、なかなか大変です。係長の言うとおりに直したのに、課長補佐の意見で当初の案に戻ることもありました。

ほかの担当課に投げられた質問も、同様の経緯をたどります。こうしてまとまった答弁資料を省内のすべての仕事の最終取りまとめ役の大臣官房の総務課に持っていくと、今度は大臣官房の総務課長補佐から叩かれる番です。「これはどういう意味？」と聞かれてわからないことがあると、席に戻っていろいろな資料を調べ直したり、関係者に問い合わせたりして、再び大臣官房に持参。何度も往復してやっとOKをもらうと、また自分の課の課長補佐のチェック。すると、課長補佐が「これ、おかしいんじゃないの」と言い出したりします。こうなると、大臣官房の総務課と自分の課との調整が必要になるので、また行ったり来たりを繰り返すわけです。

何度行き来しても意見がまとまらない場合、課長に判断を仰がなくてはなりませんが、課長はたいてい飲みに行ってしまっていて席にはいません。電話でやっと課長と連絡がつく頃には、深夜1時、2時ということもザラでした。

やっとのことで答弁書の内容が固まると、手書きで清書です。できあがった答弁書は40部ほどコピーし、関係各所に配布します。

みんな気が急《せ》いているので、答弁書作りの現場はまるで戦場です。慌てて廊下を走って転倒し、足の甲にヒビが入ってしまったこともありました。後日、高校時代の友人にこの話をすると、「何それ」と笑われてしまいました。

もっとも、これはまだ序の口で、「大取りまとめ」になったときはもっと大変です。答弁は複数の部署にわたりますが、一番多く質問を受けた部署が各局ごとに作成された答弁を集めて、朝までにすべて取りまとめることになっていました。この役が、「大取りまとめ」です。

各局の担当者は「最悪、徹夜すればいいや」と思って答弁資料を作っていますから、答弁はなかなか集まってきません。さんざん催促してやっとの思いで取りまとめ、大臣や幹部が見やすいようにふせんをつけたりして最後に袋づめにする作業が終わる頃には、夜が白々と明けていたものでした。

答弁資料は、質問に関係する局長、部長などの分にも担当部分にふせんをつける作業をして自宅まで届けなければなりません。そこまでやってもまだ終わりではありません。「大取りまとめ」になると、これに加えて大臣や大臣秘書官にも資料を届けなくてはなりません。大臣秘書官は届けられた答弁資料を読み、朝、大臣が出勤する車のなかで重要な事項について説明します。さらに、役所または国会の大臣控室には関係する課長、課長補佐がずらりと控えており、大臣や大臣秘書官に最終説明を行います。

国会で大臣が答弁に立つまでの間には、これだけの過程があるのです。答弁資料は大変分厚く、取りまとめて何部もコピーし、朝までに各所に届け終えるには、徹夜は免れませんでした。

あるとき、「大取りまとめ」になって、分厚い答弁資料を秘書官の自宅に届けに行ったことがありました。早朝で秘書官は寝ているかもしれませんから、資料をポストに入れようとしたのですが、答弁書が分厚すぎてなかなかポストに入り切りません。秘書官を起こすわけにもいかず、しかたなく答弁書を2部に分けてバラバラにならないよう輪ゴムでまとめ、ポストに押し込んだりするのですが、同期の一年生のなかには、ムリに押し込もうとして答弁書が破れてしまい、また役所に戻って作り直しているうちに間に合わなくなり、大目玉をくらった、などという笑えない話もありました。とにかく国会対応は時間との闘いでした。

私たちの頃は、わざとぎりぎりまで質問を出さない野党議員もいました。当時は自民党政権がひっくり返る可能性がゼロに近かったこともあり、万年野党の議員のなかには、政策論議よりも嫌がらせが目的で質問する人もいたのです。

国会で質問に立つ議員は正式には前日に決まりますが、3、4日前にはほぼ内定します。質問を準備する時間は、十分にあるのです。ところが、嫌がらせ目的と思われる議員は前日の夜10時、11時になっても質問を出さず、やっと出てきたものを見ると、重箱の隅をつつくような意地悪な内容のものだったり、何を聞きたいのか、まったくわからないようなものが目立ちました。おそらく、なるべく答弁資料を作る時間を与えず、大臣の失策を誘おうとの魂胆《こんたん》だったのでしょう。

なぜ省庁間で不毛な綱引きをするのか

入省して1年も経たないうちに、私は霞が関ならではの〝省益重視〟の考え方を目の当たりにすることになります。

１９８０年頃の日本では、「技術立国」という言葉が流行っていました。それまでの日本は「欧米に追いつけ、追い越せ」でやってきたわけですが、「今後は他国をまねするのではなく、基礎研究に注力し、欧米先進国に負けない革新的な技術開発を目指すべきだ」という声が大きくなってきたのです。そこで私が所属する工業技術院は、基礎研究を推進するために「次世代基盤技術研究開発制度」を作ることにしました。役所がつける名前はいつも長くて難しいのですが、要するに企業、大学、国の三者が協力して基礎的な研究・開発を行う制度を設け、国の資金をそこに投じようというわけです。

ところがその一方、当時の科学技術庁（現在は文部科学省）は、「基礎研究の推進は科学技術庁の〝なわばり〟」とばかりに、科学技術庁所管の特殊法人・新技術開発事業団（当時）で「戦略的創造研究推進事業」を発足させようとしていました。通産省の官僚は、「俺たちが先に考えたのにまねされた」と言って、科学技術庁が出した法案に猛反発。お互いにライバル意識むき出しで、連日のように徹夜で「基礎研究の推進はこっちがやる」「どこまでが基礎研究でどこからが応用研究か」などとやり合うようになりました。

私の目には、「俺が、俺が」となわばり争いをすることがくだらなく見えました。基礎研究と応用研究の線引きなんて明確にできるわけがありませんし、基礎研究の推進という目的さえ達成できるのであればどちらがやったっていいじゃないかと思い、冷ややかな目で上司のやりとりを見ていました。

結局、通産省と科学技術庁の綱引きは、あっけなく決着を迎えました。なんと、「特殊法人の理事の一人を通産省が推薦する」という覚え書きを交わすことで、通産省が矛を収めたのです。つまり、科学技術庁の天下りポストを通産省に一つ渡すことを条件に科技庁の法律には反対しないという単純な取引が成立したということです。

これは、私が「天下り先を確保できれば万事ＯＫ」という霞が関の考え方に初めて触れたケースでした。

官僚がなんらかの政策のために法律を作る場合、必ずと言っていいほど、「それを主体的に進める団体が必要ですね」と言って特殊法人や独立行政法人などを作り、「組織運営に必要だから」と理事長や副理事長、理事といったポストを設けます。たとえば原子力を推進するという政策に対して「原子力の安全性を担保する法律を作りましょう」「安全規制のためには独立法人が必要です」ということでできたのが、原子力安全基盤機構です。原子力安全基盤機構には、原子力ビジネスの中心を成す民間企業から出向者が集まり、経産省などの役所からOBが天下りするわけです。

天下りポストをたくさん作るほど、官僚は上司から「よくやった」とほめられます。「その政策を実現するなら、団体を作るより民間企業に任せたほうがいいですよ」などと言おうものなら、「バカを言うな」とあきれられてしまうのです。「法律と団体をセットで作って天下り先を確保する」という方法は、どの省庁かを問わず、官僚たちの立身出世の手法としてDNAに深く刻まれていると言ってもいいでしょう。

頭のなかは「どうやってつまらない仕事から逃げようか」

書類の山に囲まれ、答弁資料作りに奔走《ほんそう》し、官僚生活は1年目から多忙を極めました。しかし、私は充実感を覚えることができませんでした。〝人間ソーター〟になってひたすら書類を整理するのがおもしろいはずはありませんし、答弁資料作りにしても、時間がかかるのは「どう答えれば批判されないか」「ここは突っ込まれたくないからどう表現しておくか」などと考えてこねくり回すからであって、ストレートに本当のことを言えば、国民のためになるし、答弁作りも数分で終わらせることができる仕事でした。たとえば、最近問題になった復興予算の流用でも、正直に、「お金があると思って、悪乗りしてしまいました。ごめんなさい。これからはこんなことはしません」という答弁なら3分で作れます。ところが、これを無理に正当化しようとするから、徹夜になるのです。国民が実態を知れば、税金で給料を払ってまで官僚にこんなくだらない仕事をさせたいとは思わないでしょう。私に言わせれば、役所の仕事の半分以上は「壮大なムダ」です。

私が通産省に入ってみると、面接で会ったような魅力的な人にはほとんど出会いませんでした。ほとんどの先輩が陰気臭くて、会話もまったく弾みません。私がイメージしていた「仕事ができて人間的な魅力にも溢れる官僚」は、省内では特殊な人たちだったのです。通産省の採用戦略にまんまと引っかかったことに気づいた私は「だまされた！」と感じ、1年目はずっと「辞めたい」と思い続けていました。

私が辞めなかったのは、根性があったからではなく、辞めても何がやりたいのかわからなかったからです。学生時代から出世欲や名誉欲がなく、職業に関する情報に疎《うと》かったこともあり、世の中にどのような仕事があるのかも、先輩たちがどのような職場にいるのかも、まったく知りませんでした。転職が一般的ではなかった時代でもあり、「いま辞めたとして、どこに行けば新しい職が見つかるんだろう」と考えても妙案は浮かばず、結局、「辞めたい」という気持ちが尻切れになってしまったのです。「嫌だ嫌だ」と思いつつ、日々忙殺されているうちに1年が過ぎてしまった……というのが、当時の実情でした。

頭のなかで考えていたのは、「どうやってくだらない仕事から逃げようか」ということばかり。新人官僚としては、まったくもって失格だったと思います。

「経済見通し」は「交渉」で決まる

仕事が少しおもしろくなったのは、2年目からでした。

キャリア官僚は1年半で下積みを終え、2年目の後半には係長に昇進します。係長になると政策にも少し関われるので、多少、やる気が出るのです。

私は工業技術院総務課の後、貿易局為替金融課を経て、1983年に経済企画庁財政金融課に係長として出向しました。ここでは、なんと国の経済見通しを作る仕事に携わることになります。

私は法学部出身ですから、経済など一切学んだことがありませんでした。そんな私に経済見通しをまとめろと言うのですから、これは「役所がいかに素人の集まりでできているか」ということを端的に表すケースと言っていいでしょう。最近でも、鳴物入りで新設された原子力規制庁の官僚が何回も放射性物質の拡散予測で間違いを繰り返したのを見て、あきれた方も多いと思います。読者のみなさんのなかには、「官僚は高い専門性を持った優秀な人たちだ」というイメージを抱いている方もいるかもしれませんが、ふたを開ければ実態はお寒い限りなのです。

経企庁に出向した期間は2年間。1年目はそう重要なテーマは与えられず、日銀の人や経企庁のプロに教えを請《こ》いながら、見よう見まねで仕事をこなす日々です。2年目になると、経済の動向を左右する個人消費見通しの作成を担当。このときになってやっと、経済政策のための経済学を本格的に学ぶことになりました。

この仕事を通じて知ったのは、国の経済見通しを決めるのが、実は「交渉」だということです。

経済見通しを作る際は、さまざまなデータをもとに経済モデルを作って推計を行います。しかし推計はあくまで推計ですから、人為的な調整は可能です。ここで、通産省と大蔵省の思惑が働きます。

通産省は、「経済成長率が高めに見積もられていれば、実際の成長率がそれより低かった場合に『このままでは見通しを達成できません。もっと財政出動が必要です』と言って補助金をとれる」と考えます。一方の大蔵省は、「余計な財政出動を避けるために、経済成長率をあらかじめ低めに見積もっておいてほしい」と考えます。そこで経済企画庁はその間に立ち、最終的には3省庁の交渉によって「経済成長率の見通しは×パーセントで手を打ちましょう」というふうに決めていたのです。

国が発表する経済見通しはさまざまなシーンで持ち出されますが、実態を知ってみれば、その数字の信ぴょう性はゼロと言っていいでしょう。

私は経済見通し作りの仕組みに疑問を感じていましたが、日本の経済政策全体がどのように作られているかが垣間見える仕事にはおもしろさもあり、1年目のように「辞めたい」と追い詰められることはありませんでした。

2年の出向を終えて通産省に戻ってくると、私は省内で〝経済のプロ〟と見なされるようになりました。役人は大半が法学部を卒業しているので、もともと経済に関する知識レベルはかなり低いのです。

ちなみに、幹部が法学部卒で固められているのはほかの省庁も同様です。財務省といえども、財政や経済、数学のプロの集まりではなく、ただの素人集団と言っても過言ではありません。法律の専門家集団が財政政策を牛耳《ぎゅうじ》っているのですからおかしな話ですし、この事実一つをとっても、現在の国家公務員採用の方法には問題があると感じます。

大臣秘書になり、政治家の生態を知る

次に配属になったのは、通産大臣室でした。

大臣秘書官には、課長クラスのキャリア官僚が任命され、その下に手伝いとして若手官僚がつくならわしになっています。当時は課長補佐になるかならないかくらいのキャリア官僚が「大臣付主任」という肩書きで大臣室に入っており、私はこの大臣付主任になったのです。

大臣秘書の仕事は多様です。大臣が政策を決定するにあたっては、事務方との間をつないで情報を整理し、さまざまな調整を行います。大臣のスケジュール管理や、地元からの陳情を適切な窓口につなぐこと、大臣が受けたインタビューの音声をメモに起こすことなども秘書の仕事でした。

赴任した当時の大臣は、自民党安倍晋太郎《しんたろう》派の村田敬次郎さんです。村田さんはとても人柄がよく、趣味は詩を書くことでした。書き溜《た》めた詩を詩集として本にしており、海外からのお客さんには必ず自慢げに見せていたことを覚えています。日本語の詩をそのまま見せても外国のお客さんにはさっぱりわかりませんから、省内の然《しか》るべき職員が英訳を命じられていました。

村田さんの後任は、自民党の実力者だった渡辺美智雄さんでした。渡辺さんは、現在のみんなの党代表・渡辺喜美さんのお父さんです。

渡辺さんは、栃木弁丸出しのユーモア溢れる語り口と歯に衣《きぬ》着せぬ物言いで国民的人気があり、「ミッチー」の愛称で親しまれていました。私が直《じか》に接した印象も、テレビなどを通じて見たイメージそのままで、冗談を交えておもしろおかしく話す人でした。

しかし、さすが自民党の派閥領袖《りょうしゅう》で、後に総理直前までいった実力者。仕事となるとキリッとなったものです。

渡辺さんが通産大臣になって少し経った頃、省内を揺るがす事件が起きました。渡辺大臣が、事務方に一言の相談もなくアメリカ大使館に行き、大使と会ったのです。それも、日米自動車交渉など日米間で難しい交渉が佳境に入ろうとしている最中のことでした。

大臣が大使館に出かけて行くというのは、外交の慣習としてはあり得ない話です。通常、大臣が大使と話をする場合、〝格上〟である大臣が大使を役所に呼びます。この常識を破り、アメリカ大使館で大使と会うなんて——。

並の大臣では、外交ルールを無視した大胆な行動などこわくてとれないものですし、何より、大使と会談できるようなルートも持っていません。しかも、難しい交渉が行われている最中に事務方に相談もなく大使に会い、もし何か問題が生じれば、大臣は役所から総スカンを食うおそれがあります。逆に言えば、これだけ突拍子もない行動をとれることは、渡辺大臣が大物政治家だという証でした。

大臣のこの行動にはみんな舌を巻きましたし、省内には一気に緊張感がみなぎることになりました。通産省の役人たちは「もし大臣が大使と直接交渉して間違ったことを言えば取り返しがつかなくなる」と考え、以後、大臣にあまり上げたくないものも含めて、すべての情報を大臣に上げるようになったのです。

大臣と大使との会談ですぐに交渉が進展したわけではありませんでしたが、役所のなかはグッと締まりました。おそらく、これは渡辺大臣の計算のうちだったのでしょう。

渡辺さんの後任である田村元《はじめ》さんに仕えた後、私は大臣付主任の任を解かれました。大臣秘書の仕事は、政治と行政のつながりを身をもって知り、また政治家の〝生態〟を垣間見られたことが貴重な経験になりました。私が感じたのは、「政治家といっても普通のおじさんと変わらないところも多いんだな」ということです。生の顔に触れたことで、「政治家だから」と特別視する気持ちはなくなりました。いま思うと、「政治家にしても官僚にしても、そのほとんどは普通の人。すべてのことを知っているわけではない大臣が一人で役所に乗り込んで来ても、放っておけば、人が好《よ》いほどどうしても義理や人情に流される。官僚のお世辞に乗せられたり、お涙ちょうだいの族議員や後援会や団体の陳情に『一肌脱ごう』と頑張ってしまったり。一つ一つは憎めない行動でも、それによって行政が歪められてしまうことも多い」ことを目の当たりにして、「政治や行政のシステム自体の問題が横たわっているのだ」ということが見えてきた時期だったと言えるかもしれません。

生まれて半年の子を連れて南アに赴任、仕事をしてはいけないと言われて

入省から8年目を迎えた1987年の春、私は外務省に出向し、南アの総領事館に経済担当の領事として赴任しました（当時は南アとは正式な外交関係がなかったので、大使館は存在せず、領事館が事実上の大使館の役割を果たしていました）。

通産省では入省7〜10年目くらいの間に海外に出るケースが多く、外務省に出向して海を渡る人もいれば、留学をする人もいます。上司から「南アに行くという話があるんだけど、どう？」と尋ねられた私は、その場で「おもしろそうですね、いいですね」と二つ返事で受諾してしまいました。

私は物事を深く考えず、すぐ返事をしてしまうことが多いのです。入省2年目に結婚し、当時は子どもが生まれて半年しか経っていなかったのですが、「アフリカ」という未知の大陸へのあこがれが強く、半年ほど研修を受けた後、乳飲み子を連れて家族3人でアフリカに赴任することになりました。

南アは温暖な気候で、文化的にも経済的にもアフリカで一番進んでいる、とても住みやすい国でした。

ビジネスの世界においても、南アはダイヤモンド、金、プラチナ、石炭といった鉱物資源の世界的な産地として知られています。オレンジなどの農産物のほか、ケープタウンには大きな漁業基地があり、サバ、イセエビ、カツオ、マグロや折り詰め用のタイなどの水産物も日本に輸出していました。日本にとって南アはなくてはならない貿易相手国で、日本の商社はどこも南アに大きな拠点を構えていたほどです。

しかし赴任してみると、私の仕事はなく、暇でしかたがありませんでした。当時の南アは、アパルトヘイト政策が国際的な非難を浴びていた時期。私が赴任する直前、日本は南アにとって世界1位の貿易相手国となり、国連から非難決議を受けていました。このため、私が赴任した頃は、ちょうど日本も経済制裁に踏み切ったばかりだったのです。

国連の非難決議に尻込みし、通産省は「来年は絶対に貿易額を減らす」と言っていました。普通に考えれば、たくさんの日本企業が南アと取引しているわけですから、取引の総量を減らすのは難しい話です。そのような権限は通産省にはありませんし、そんなことをするための法律もありません。しかし、通産省は南アと取引のある主要企業を呼び、取引額を増やさないよう行政指導を行うことで貿易額削減を断行しました。

通常であれば、経済担当の領事のもとには日本人ビジネスマンが集まるものです。しかし現地の日本人ビジネスマンにしてみれば、総領事館に行ったところで「なるべく貿易をしないでください」と言われるだけなのですから、誰も私を訪ねて来なくなりました。もちろん、南アの白人政権は日本の制裁に怒り心頭ですから、政府要人とも会わせてもらえません。

このような状況でしたから、総領事館の職員はほとんど開店休業状態で、毎日、新聞の切り抜きとレポート書きで時間をつぶしていました。もちろん現地の状況を本省に報告するのですが、私が驚いたのは、自分たち領事館員の給与や待遇を少しでも上げてもらおうと、そのレポートで「いかに南アの治安が悪く、自分たちの生活が苦しいか」を日本に訴えるという、かなり不純な内容のものが多く含まれていたことです。

総領事館の職員たちが新聞の切り抜きと不埒《ふらち》なレポート書きぐらいしかしていなかったのは、「危ないまねは絶対にするな」というのが外務省の基本方針だったからです。政治担当の領事も含めて、領事館員たちは、なるべく政治的なことに関わろうとはしませんでした。

いくら暇だからといって、私はそんなバカバカしいレポートを書きたくありませんでした。そこで自分なりに当時の状況を分析し、通産省に送ることにしたのです。

最初に書いたレポートは、確か「南アは10年以内に黒人政権になる可能性がある」という分析でした。人権を無視した過酷なアパルトヘイト政策は、国際社会から激しい非難を浴び、南アは孤立化しつつありました。この状況を考えれば、南アが生き残るためには黒人政権の樹立以外にないというのが私の結論でした。本当は「5年以内に黒人政権誕生」と書きたかったのですが、現地の商社マンに意見を聞いたところ、「それは絶対にあり得ません。後で恥をかくことになるからそんなことは書かないほうがいいですよ」と止められ、10年にした記憶があります。当時は私も、まだ素直だったものです。

危険を承知で、黒人居住区に乗り込む

外務省の「危ないことはするな」という方針に従っていては、本当に大事なことはできません。現地の状況を肌で感じることも不可能です。そこで、総領事館の外務省職員には内緒で、経済調査と称して黒人居住区にもひんぱんに出かけて行きました。

先導役は、現地採用されたNさんです。彼は日本の一流私大の博士号を取り、南アで外務省に専門調査員として採用された職員でした。Nさんはほかの外務省職員とは違い、危険を顧《かえり》みずに現場に飛び込み、南ア最大の独立運動組織・アフリカ民族会議（ANC）をはじめ、現地の黒人勢力とのネットワークを構築していました。

私はNさんに協力をお願いし、ANCの黒人活動家や黒人ビジネスマンと積極的に接触して、「みなさんを支援するにはどのような方法があるのか」などと尋ねて回りました。近い将来、黒人政権に変わるのが必至だとしたら、彼らとのパイプをつないでおくことが日本のビジネスにとって重要だと考えたからです。「危ないから気をつけたほうがいい」と嫌がる現地の日本人ビジネスマンに無理に黒人居住区に同行してもらい、「黒人の孤児院に寄付をしましょう」と提案して実現させたこともありました。

いまでも鮮明に覚えているのは、南アの北西に位置し、当時南アの支配下にあったナミビアのアフリカ人組織、SWAPO（South-West African People's Organization＝南西アフリカ人民機構）の要人に会いに出かけた折のことです。

SWAPOは独立運動の核として抵抗を続けていました。日本人は南アでは名誉白人待遇ですから、Nさんのパイプがあるとはいえ、SWAPOが私たちを敵だと考えている可能性もあります。どのような対応が待っているのかわからず、おそるおそるの訪問でした。

ナミビアの首都ウィントフックから少し離れた、何もない砂漠のようなところにポツンとあるSWAPOの拠点を訪ねると、周囲には鉄条網《てつじょうもう》が張ってあり、まるで要塞《ようさい》のようです。警戒はものものしく、機関銃を持った鋭い目つきの門兵による身体検査を受けてから敷地内に足を踏み入れたときには思わず身震いしてしまいました。しかし、彼らは私たちに対して思った以上に友好的で、軍服を着た要人と思《おぼ》しき人たちと握手をし、歓談することができたのです。

その後、南アは国際社会の非難に耐えかね、ナミビアの施政権を自ら返上しました。

SWAPOは1989年にナミビア制憲議会選挙で第一党となり、翌年、ナミビアは念願の独立を果たすことになります。ナミビアの初代外務大臣となったのは、私たちがSWAPOの拠点を訪問したときに握手した人の一人でした。

Nさんとともに目指した黒人勢力との関係構築も、残念ながらその後に活かされたという話は耳にしていません。

Nさんは南アの内情に関しては総領事館の誰よりも詳しく、貴重な人材でした。本気で南アとの関係を発展させようと考えるなら彼のような人材こそ重用《ちょうよう》すべきところですが、総領事館内ではNさんを「危ないことをする奴だ」と白い目で見ていたのです。Nさんは人種差別主義者の白人に何度か車をパンクさせられたことがあったのですが、外務省の領事は、「ほら見ろ、危ないって言っただろう」「これで万が一のことがあったらどうするんだ」などと、被害者のNさんを怒る始末でした。

私は、「Nさんのような人を外務省の課長などにどんどん抜擢《ばってき》すればいいのに」と思っていました。しかし、外務省に限らず、大変優秀なのに、能力に応じたポストに就くことはできない職員は多いのです。霞が関は「キャリア」「ノンキャリ」といった区別でポストに差をつける慣行をなくし、優秀な人にはどんどんチャンスを与える人事制度を取り入れるべきだと思います。

日本のレセプションにマンデラさんがやって来た！

序章でも少し触れましたが、南アの初代黒人大統領となったネルソン・マンデラさんとの邂逅《かいこう》は、私にとって忘れられない思い出です。

マンデラさんが突然釈放されたのは、私が南アに赴任して3年目のこと。マンデラさんは釈放後ほどなくしてＡＮＣの副議長に就任し、黒人たちの熱狂のなか、大変多忙な様子でした。もちろんその時点では、まだ黒人政権の誕生やマンデラさんが大統領になることも決まっていたわけではありません。ただマンデラさんは、間違いなく南アの将来の指導者になるだろうと、世界中の注目を浴びるようになっていました。

私が帰国する少し前のことです。南アの日本総領事が交代し、レセプションを開くことになりました。南ア政府の人々は呼べませんでした。ホテルで50人ほど入る部屋を借りてささやかなパーティを行うことにしたのですが、招待状を送る段になって、私はふと「マンデラさんにも招待状を送ってみてはどうだろうか」と思いつきました。

常識的に考えれば、忙しいマンデラさんがわざわざ日本の総領事の歓迎レセプションに足を運んでくれるとは思えませんでしたが、私はNさんに頼んで、ダメもとでANCに招待状を送ってもらったのです。しかし、招待状への返事はありませんでした。

そして迎えた、レセプション当日。私が会場のホテルに着くと、ロビーに黒山の人だかりができています。その輪の中心に、ブラックタイで正装したマンデラさんの姿が見えました。招待状を送ったことすら忘れていた私は「きっとこのホテルで重要なパーティがあるのだろう」と思い、総領事に「あそこにマンデラさんがいますよ」と告げたところ、総領事は「そうか、挨拶《あいさつ》に行こう」と駆け寄って行きました。

こういうとき、役人の反応は大変スピーディーです。「マンデラさんに会った」と外務省に報告できれば、自分の評価が上がるからです。

総領事は人垣を押しのけてマンデラさんに近づき、英語で挨拶すると、「私は新任の日本の総領事です」と自己紹介しました。するとマンデラさんは「お招きにあずかりありがとうございます」と言ったのです。私はそこでやっと、われわれが招待状を送っていたことを思い出しました。

マンデラさんが本当に出席してくれるなどとはまったく想像せずに準備していましたから、大変です。狭い会場でマンデラさんが動くと、大勢のお付きの人たちも一緒にぞろぞろと動きます。立食形式で多少は融通が利くといっても、マンデラさん一行が入ると、部屋はぎゅうぎゅう詰めになりました。

記憶に残っているのは、マンデラさんとある招待客とのやり取りです。

招待客のなかに、マンデラさんとは旧知の中年女性がいました。マンデラさんの正装姿を見ると、彼女は「あなた、なんて格好しているの？　平服でいいのに」と言いました。

レセプションとはいってもささやかな集まりですから、招待客はみんな普通のスーツ姿。マンデラさんの格好は、確かに浮いていました。女性の言葉に、マンデラさんは恥ずかしそうに答えました。「外交団の正式なパーティなんて初めてで、みんなが『ちゃんとした格好をして行け』と言うので……」。
マンデラさんは南アの黒人社会の希望の星であり、世界から注目を集める有名人でしたから、パーティではみんながマンデラさんとのツーショット写真を欲しがりました。私がマンデラさんと話をしている間も、次々と人が寄ってきては「写真を撮ってほしい」と頼まれました。私とNさんも最後はマンデラさんと一緒にフレームに収まり、私はその写真を土産に帰国したのでした。

なぜ私が「改革派」のレッテルを貼られたのか

1990年に帰国すると、私は産業政策局産業構造課の課長補佐として通産省に戻りました。産業構造課は省内では名門の課とされていたのですが、私は、なんとなく荷が重いなと感じたのを覚えています。

私が産業構造課に入った当時、課では、通産省がまとめていた「90年代ビジョン」のなかの「90年代の産業構造ビジョン」作りなどもやっていましたが、実質的に一番大きな仕事は日米構造協議の取りまとめでした。アメリカとの協議にあたって、通産省内の取りまとめを行うわけです。

そのなかでも具体的に私が最も熱心に取り組んだのは、行政指導や審議会を開かれたものにすることでした。行政指導に関しては、アメリカ側から「日本は法律や政令を見ても実態がまったくわからない。実際は裏で通産省が行政指導をして法律と違うことが行われているに違いないから、行政指導をすべて文書にして公開しろ」、さらに「行政指導をする前に公開して国民の声を聞け」という要求がありました。審議会に関してもすべて公開するよう要求され、「審議会の委員には自分たちの都合のいい人間だけを選ばず、消費者の代表を入れろ」「外国の利益に関係する場合は、外国人を入れろ」といった要求を受けていました。

当時の雰囲気は「日本がアメリカに叩かれている」「アメリカの言いなりになるな」という感じでしたから、普通の官僚ならここでディフェンスに回り、防戦のための論理を考えるところでしょう。しかし、私は「アメリカは結構、いいことを言っているな」

と思っていました。

その頃、通産省は海外で「Notorious MITI（悪名高き通産省）」と呼ばれていました。「日本が大きく成長したのは、通産省というあくどい役所があって、日本企業をあの手この手で保護したからだ」という見方が広まっており、行政指導や審議会も、日本企業を外国との競争から守るための武器と見なされていたのです。そして、これはある面で正しい指摘でした。

たとえば当時の審議会は、「第三者のみなさんを集めて議論したらこういう結論になりました」などとして、通産省にとって都合のよい方向に議論を進めるための〝隠れ蓑《みの》〟になっていました。「審議の内容を公表すべきだ」という指摘があっても、「公表されると委員が言いたいことを言えなくなって、正しい結論が出ません」と拒否。審議会は、非常に閉鎖的なものとなっていました。行政指導にしても、法律に根拠のないことを役所がいくらでも口頭で〝指導〟できるというのは、やはり問題です。アメリカは日米構造協議にあたって日本のことをかなり詳しく分析しており、その指摘は的を射たものが多かったと言えます。

私は、「アメリカが主張するように日本の審議会や行政指導をもっとオープンにしなければ、日本の産業はやがて国際競争から取り残されるだろう」と思っていました。これらのアメリカの要求についてはすべて実施したほうがいいと感じたので、省内を攻めて合意書を作ることにしたのです。

合意書を作るにあたっては、抵抗する人を直接説得して回りました。

役所では、上司の顔色をうかがって言いたいことを言わないという人も多く、そのため正しい決定がなされないことも多いのですが、逆に言いにくいことでも、思い切って言えば、理屈さえ正しければ結構通せるものです。ただ、そういうことをする人は、極めて少ないのですが。たとえば私が「アメリカの言うとおりに行政指導はすべて公開すべきだ」と言い、相手が「そうは言っても、ウチと企業との関係もあるし……」と反論してきたら、「人に言えない行政指導をやるのはおかしくありませんか」と正論で対抗すればよいのです。理詰めでいけば、相手は反対できません。

もちろん、内心で「この野郎、いつか仕返ししてやるぞ」と思う人はいるかもしれません。実際に、裏で仕返しされることもあり得るでしょう。しかしそれさえ恐れなければ、反対派を説得することは可能なのです。

とはいえ、抵抗はやはりすさまじいものがありました。

基礎産業局には、前々から「行政指導でカルテルを行っている」という噂がありました。もちろん証拠はありませんから、表立ってそんな議論をする人はいませんでした。各企業から情報を集め、特定の分野で製品価格が下がって業界の景気が悪いとわかると、生産調整を指導して価格をつり上げる——そういったことを、業界とのあうんの呼吸で行っていたと噂されていました。そして通産省内では、複数の業界で同じような行政指導がまかり通っていると言われていました。「日本は裏で不透明な行政指導をやって、公正な競争を阻害している」というアメリカの非難は、こうした実態を指していたわけです。

やましいことをやっている担当の課にしてみれば、行政指導の全公開はどうあっても受け入れられません。担当課長は「絶対だめだ」と言うと、床に寝転がってテコでも動きませんでした。

こうなると、もう〝表の議論〟で詰めるしかありません。私はしかるべき場で、担当課長に「どうして行政指導を公開してはだめなんですか？」と質問しました。もちろん相手は「カルテルをやっているから」とは口が裂けても言えませんから、それ以上、その課長は闘えなくなりました。こうして省内のすべての局を一つずつつぶし、1年かけて合意を取り付けたのです。

いま思えば、私が「改革派」のレッテルを貼られ始めたのは、この頃からだったように思います。南アで型破りな行動をし、帰国するとアメリカの肩を持って従来のやり方を変えてしまったわけですから、省内には「こいつはとんでもない奴だ」と思った先輩も大勢いたに違いありません。

特に、私が「アメリカの肩を持った」と言って非難する人が多かったように思います。しかし、その後、日本では行政手続法ができたり、今日ではほとんどの審議会が公開になるなど、私が当時進めようとしていたことは、当たり前のことだったのだということを改めて感じています。ただ、当時私は思いもよらない難題を抱えてしまいました。

それは、当時の駐日米国大使のモンデール氏から、海外の有望な若手人材をアメリカに招へいする米国政府のプログラムで私をアメリカに1カ月招待しますという手紙が送られてきたことです。アメリカとすさまじい交渉をしているのに、その国から招待状をもらうというのは、あまりにもタイミングが悪すぎます。こんなことが、バレたら「非国民」のレッテルを貼られかねません。

しかたなく、米国大使館の担当者を通じて丁重にお断りすることにしました。

私の「改革派」としての仕事を一番最初に高く評価してくれたのが、通商交渉の相手だったというのは、いまから振り返ってみれば、私の人生の先行きを暗示していたのかなという気がします。そのときのモンデール大使からの手紙は、いまも大事に保存してあります。

一番の問題は、日本人が働きすぎていること

産業構造課時代に印象に残っている仕事はほかにもいくつかあります。

当時はバブルが崩壊した直後で「失われた10年」が幕を開けようとしていた時期でし

たが、まだ誰もそれほど大変な事態になるとは思っておらず、みんな「ジャパンアズナンバーワン」の余韻に浸《ひた》っていたように思います。しかし、当時の日本ではさまざまな問題が顕在化しつつあり、私は複雑に絡み合ったそれらの問題について、どう解決し得るかを考えなければならないと感じていました。

そこでまず私がやったのは、日本社会の問題点を書き出し、一つの問題が別の問題とどう関連しているかを図解して、A4サイズの紙にまとめてみることでした。

次に、その紙を持って省内の心ある幹部や経済界のキーパーソンに会い、議論を重ねて、少しずつ自分の考えをまとめていったのです。

私がたどり着いた結論の一つは、「一番の問題は、日本人が働きすぎていることにある」というものでした。

たとえば、日本は海外の先進国に比べて消費者運動が弱いと言えます。欧米では消費者団体が非常に強い力を持っていますから、何か問題が起きれば、消費者保護運動や訴訟を起こして企業と闘うことができるわけです。

ところが日本には強い消費者団体がないため、「国が消費者を守るべきだ」という話になり、役所の仕事ばかりが増えて、肝心の消費者保護は徹底されません。同様に、日本では労働者の組合活動や一般の人々の政治活動も、欧米のように盛り上がりません。また、少子化が進み、将来の労働力不足が深刻な問題になっています。

これらの問題の根本的な原因は、日本人の大半が夜遅くまで働いていて、仕事以外のことに費やせる時間がほとんどないことにあるのではないか、と私は考えました。

ヨーロッパの労働者は、家族と過ごす時間やボランティアをする時間などをたっぷり取っています。アメリカはヨーロッパに比べれば労働時間が長いものの、経営者などを別にすれば、一般労働者は仕事以外に割ける時間を持っています。

一方、欧米に比べて労働時間が長すぎる日本では、企業活動は突出して活発になるものの、ほかのことがすべて疎《おろそ》かになりがちです。結局、企業ばかりが強くなり、消費者保護や環境保護、社会的弱者のための市民活動など、もっと社会全体で行うべき大事な活動が弱く、それらがすべて役所任せになっているのです。さらに若い人々が子どもを産み育てる余裕も失ってしまうなど、社会全体が歪んでしまうことになったのです。

そこで私は、労働時間短縮キャンペーンに取り組むことにしました。

労働時間短縮は本来、労働省の領分で、通産省はむしろ「そんなことをすれば中小企業が立ちゆかなくなるので反対」という立場。しかし、私は「局長の私的機関」という位置づけで労働時間短縮の研究会を作ると、研究結果をレポートにまとめて発表しました。

レポートの趣旨は言うまでもなく労働時間の短縮ですが、それに関連して労働基準法にも触れています。日本ではサービス残業が当たり前のように行われており、たとえ労働時間の規制を強めても、サービス残業を野放しにしていては規制の意味がなくなってしまうからです。「ザル法の労働基準法は改正すべきだ」というのが、私たちの主張でした。

報告書を発表すると、予想外の反響がありました。共産党が国会で取り上げたのです。共産党の当時の書記局長不破《ふわ》哲三《てつぞう》氏が私の報告書をもとに質問するというので、私は局長と一緒に国会に出席しました。質問者はまず労働大臣を指名し、「労働時間の短縮が必要なのに、1988年に政府が経済計画のなかで目標とした『年間1800時間程度の労働時間』への短縮を実施しないのはなぜですか」と詰め寄りました。すると答弁に立った労働大臣は、「中小企業が大変ですので……」という答え。労働省は本当は時短を推進したい立場のはずなのですが、通産省が「中小企業を守れ」と反対するので、遠慮していたのです。

これを受けて、不破氏は、あらかじめ出席者全員に配られていた私の報告書の前書きの一節を読み上げました。読み上げられたのは、「労働時間の短縮は国家の経済安全保障に関わる重大な問題だ」というくだりです。続けて、共産党議員はこう追及しました。「これを労働省が作ったのなら、なるほどと思います。しかし、この報告書は通産省が作ったんですよ。あの通産省がここまで言っているのに、労働省はやる気がない。もっと一歩前に出るべきでしょう」という趣旨の発言をしました。

このときの労働大臣はきっと「なんで通産省がこんなレポートを出すんだ」と腹立たしく思ったことでしょう。

女性だけの研究会を主催し、チャラ男と勘違いされる

次に取り組んだのは、少子化問題でした。当時、労働人口はまだ増えていましたが、早晩減少に転じることは明らかで、少子化問題を避けて通ることはできなかったからです。

この問題を解決するには、高齢者の労働力や外国人労働者の導入も重要な検討課題でしたが、なんといっても最重要課題は女性の問題でした。結婚した後も働きたいという女性が増えているのに、実際には、働きながら子どもを産み育てることがとても難しいというのが当時から大きな問題でした。これを放置していたら少子化の流れは止まらず、長期にわたって労働人口はじわじわと減っていくことになります。つまり、女性が働きながら子どもを産み、育てられる社会作りの実現が急務だったのです。

私は、「男性が知恵を絞っただけでは、働く女性の実情に添う政策はできないだろう」「女性のことはやはり女性の意見を聞いてまとめたほうがいい」と考え、各方面で活躍していた女性を集めて研究会を立ち上げました。ここでちょっと正直に告白すれば、「女性だけの集まりを作ると愉《たの》しそうだなぁ」という気持ちもありました。

この研究会は3回ほど開催しましたが、省内ではすこぶる評判が悪く、「あいつは何をチャラチャラやっているんだ」という声があちこちから聞こえてきました。それでも、何も悪いことをしているわけではありませんから、私は平気なものです。

局長も喜んで研究会に顔を出し、毎回、挨拶をしてくれました。この局長は後に大物次官になった〝ザ・官僚〟と呼ぶべき人でしたが、堅物であまり若い女性と接する機会がなかったためか、大勢の若い女性を前にして緊張している様子がありありとうかがえました。普段、堂々としている局長が、若い女性を前に上がっているのを見るのはおかしなものでした。

女性たちの論戦は、すさまじいものがありました。一人が何か意見を言うと、「あなたねぇ、そんなことを言っているから女が馬鹿にされるのよ！」という声が飛んできます。ある意味で私にとっても新鮮な体験で、私たち男性が頭のなかだけで考えるより、ずっと実態に即した報告書をまとめることができたと思っています。

私が労働時間短縮や少子化問題に取り組んだのは、正義感というよりも、日本社会の歪みや経済が抱える長期的最重要課題の解決のためには避けては通れない問題だと判断したからでした。

しかし、20年も前から声を上げていたのに、労働時間短縮も少子化問題も目覚ましい進展はなく、日本ではいまだに「忙しすぎて子育てできない」とか「保育園が足りない」などと言っています。あのとき、政府が長期的な視点から大胆に労働時間短縮や少子化対策を進めていれば、日本経済は現在のような悲惨な状態には追い込まれなかったのではと思わざるを得ません。

第3章　うまくいかないからこそ、おもしろい

ひょんなめぐり合わせで「出世したくない」私がエリートコースに？

1992年、基礎産業局の総務課に移った私は筆頭課長補佐になりました。
課の規模によって異なりますが、課長補佐は普通の課ならだいたい3〜5人で、局ごとに数十人の課長補佐が働いています。各局の筆頭課長補佐はキャリアで、数十人いる局の課長補佐のトップという位置づけです。

各局の筆頭課長補佐は省の重要な政策を決定する「法令審査委員」を兼務していました。

法令審査委員の役割は大きく2つです。一つは予算を含めた政策、もう一つは人事に関することです（法令審査委員はその後廃止されています）。

通産省では、法改正も含め、重要な政策の決定時にはある一つの局の仕事であっても全省的に議論していました。そのための場として設けられていたのが週2回開かれる「法令審査委員会」で、全局の筆頭課長補佐が一堂に会して話し合っていたわけです。

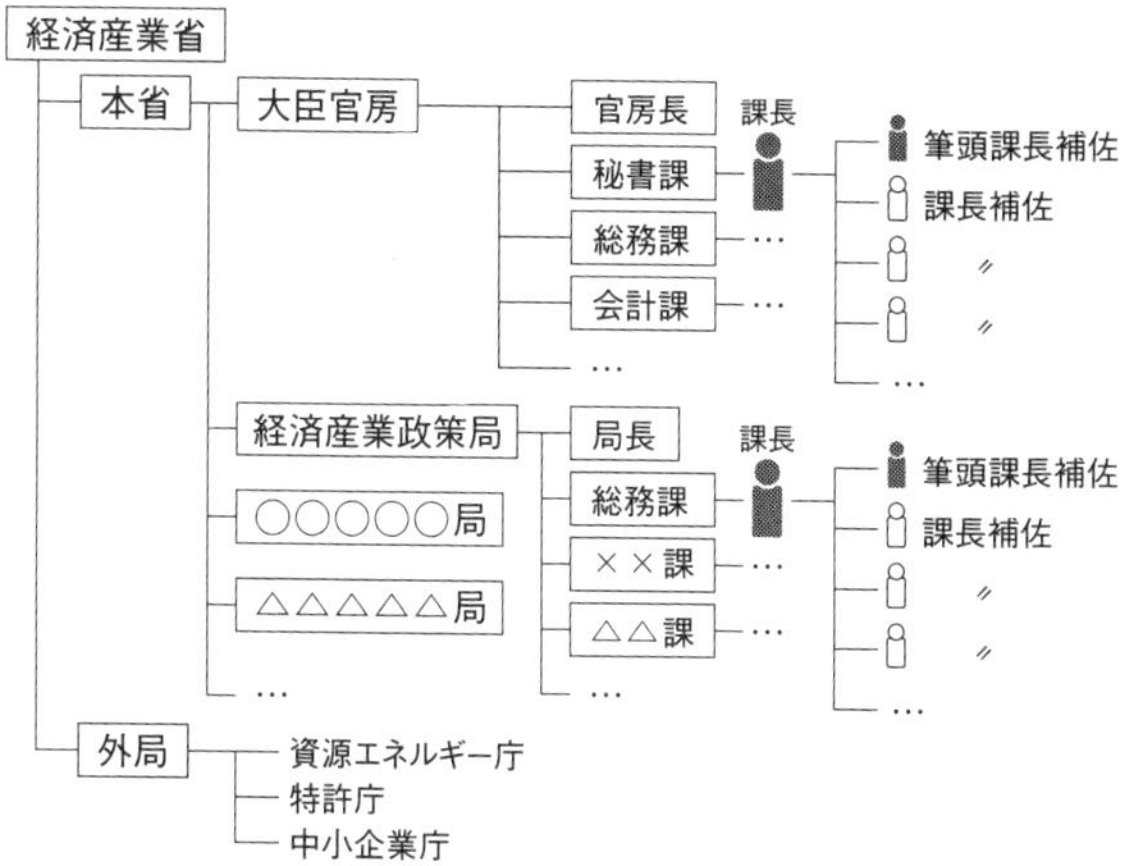

どこかの局で「どうしてもやりたい」と言っている政策であっても、この場で了承を得られなければ実施することはできませんでしたから、非常に強い権限を持っていたと言えます。

ちなみに、大臣官房だけは格上で、秘書課、総務課、会計課は課単位での筆頭課長補佐が特別に法令審査委員を兼務していました。省内では、この3人が将来の次官候補と見なされていました。

人事の仕事については、通産省では、課長補佐以下の人事を各局の法令審査委員（筆頭課長補佐）と秘書課の法令審査委員が協議して決定するならわしになっていて、局長や課長でも口出しできませんでした。実際、筆頭課長補佐は、現場では非常に力を持っていました。

課長ともなると夜な夜な企業や団体からの接待で不在がちになりますが、課長補佐は徹夜仕事も辞さずに現場で働く立場ですから、局長からすれば頼りになるのは課長より課長補佐。法令審査委員を務める筆頭課長補佐ともなれば大事にせざるを得ないわけです。課長からすれば、局長と仲のよい筆頭課長補佐に目をつけられて「あの課長はバカですよ」なんて耳に入れられるようなことがあれば、出世に響く可能性があります。やはり、筆頭課長補佐を敵に回すわけにはいきません。

また、各局にある総務課の筆頭課長補佐は、政策の取りまとめのみならず、局の予算全体の査定も行っていました。局の予算配分は、総務課の筆頭課長補佐と会計課の筆頭課長補佐が大蔵省の主査と相談して決めるわけです。予算を握っている人の権限が強くなるのは、当然のことでしょう。

法令審査委員になるということは、省内ではエリートコースに乗ったことを意味していました。私にとっては、さほど重要なことではなかったのですが……。

私がどういうわけか基礎産業局総務課の筆頭課長補佐に任命されたのも、もちろん、この人事システムによるものでした。

産業構造課にいた2年間、先に挙げたもののほかにもGATT（General Agreement on Tariffs and Trade）のウルグアイ・ラウンドにおける補助金交渉に携わるなど、やりがいのある仕事はたくさんありました。しかし、私は依然として役所になじめずにいました。突出したことばかりやっていましたから、何度も障害にぶつかり、思うようにできないことも少なくなかったのです。そのたびに「こんなくだらないところ、いっそ辞めてしまおうかな」と思い、実際、「辞めたいなぁ」とひんぱんに口にしていました。当時の法令審査委員は私の1年先輩、2年先輩たちで、私は彼らにも「役所なんて」とずっと言い続けていました。

そんな私を見て、先輩たちが「あいつはこのままだと本当に辞めてしまう」と心配し、「あいつは型破りでとんでもないけれど、俺たちとは違う発想を持っている。これからの通産省にはああいう異色な奴も必要だから、とりあえず辞めさせないように所遇したほうがよい」と、基礎産業局総務課の筆頭課長補佐に引き上げたのでした。

私は、自分が正しいと信じたことなら遠慮せずに主張していました。それは、出世が人生の目標ではなかったからできたことです。それどころか、私には「出世して次官になったりするのは格好悪い」という価値観がありましたから、どちらかと言えば「自分の考えを曲げてまで出世したくないなぁ」と思っていました。

ところが、世の中は不思議なものです。遠慮なく言いたいことを言い、「辞めたい」「役所なんてくだらない」と公言していたことで、決して主流となったわけではありませんが、結果的に権限の強いポストに就くことになったのです。

「嘘も方便」で古賀流「事業仕分け」

配属になった基礎産業局は、鉄や非金属、化学品など、いわゆる産業の基礎的素材を担当する部局です。

当時、この分野の産業は行き詰まっており、新たな方向を模索していました。基礎産業局では、打開策を見つけるべく新しいビジョンを作るという課題に取り組んでいたのですが、既存の発想ではなかなか出口が見つからず、私が赴任したときは議論が煮詰まってしまっていました。そこで私は一人でビジョンを一から書き直したのですが、その内容に局長は大変驚き、私のことを認めてくれたようです。

そして1年後、私は大臣官房会計課の筆頭課長補佐に抜擢されました。つまり、「官房三法令審査」の一人となったわけです。

先にご説明したとおり、各局の法令審査委員は出世の登竜門です。それを終えて、さらにその上のシニアの官房三法令審査の一人に抜擢されたとなれば、一見まさに出世コースのど真ん中。若手中心で行う人事だからこんなことが起きるわけですが、当時はまだ経産省にも異質な人材を登用しようという気風が残っていて、結果的に私のような異分子も生き残ったということでしょう。

大臣官房会計課は、通産省内の予算の総本山でした。

予算の要求は、毎年、ほぼ同じ項目の繰り返しになりがちです。しかし、惰性で同じものに予算を使うのはおもしろくありません。何より「予算はお金がきちんと活かせるもの、イノベーションを起こすような政策に振り分けたい」と思った私は、いまでいう「事業仕分け」を敢行することにしました。

新しい政策には財源が必要ですから、その分、不要な予算はどんどんカットしなくてはなりません。しかし、ただ「予算を削れ」と言っても抵抗されることは明白ですから、「予算を削った者は偉い」と評価する必要があります。そこで私はとりあえず、各局にこう通達しました。「官房長から『予算はできる限り削減してほしい』という指示が出ています。各局、どれぐらいカットできるかを出してください。削減額と削減率は、官房長に報告します」。

官房長から指示が出ているというのは、嘘でした。しかし官房長に報告するとなれば、各課長は人事評価が気になるので一生懸命に予算をカットしようとします。官僚の多くは聖人君子ではありませんが、逆に悪人というわけでもありません。ごく「普通の人」です。予算を削ればほめられるということになれば、みな削ろうと頑張るものなのです。実際、やってみると、補助金とかモデル事業とかでムダな事業が山のようにあるので、各局からどんどんカットできる予算が出てきました。結局、一般会計予算全体で2割近く、金額にして数百億円も削減できることがわかったのです。

民主党政権が鳴物入りで行った事業仕分けは大騒ぎしても、結局は大した成果はありませんでした。ムダを削れば評価されるという人事制度にすれば、官僚もムダの削減に取り組むのです。

予算を政府が定めた5〜10％の削減目標（シーリング）の二倍以上カットできたので、その枠を利用して、新しい時代にふさわしい独創的なプロジェクトの提案をするよう指示しました。ところが困ったことに、出てくる使い道はどれも非常にくだらないものばかりで、「これでは、とても予算はつけられないなぁ……」と思わざるを得ませんでした。

しかし、予算には閣議で決まった削減目標があり、各省庁はその枠組みの範囲で予算を要求することになっています。「ここまでしか予算を要求してはいけません」という枠組みは、逆に言えば「ここまでなら予算を要求していい」という意味でもあります。

たとえ私が「これは必要ないから削ろう」と思っても、各局の要求の合算が通産省の枠より少なければ、「閣議で認められているところまで要求してもいいではないか」ということになり、省として、削るという決定をすることはできません。結局、「くだらない」と思った要求も一部ですが、通すことになってしまいました。

予算は出来レースで決まる

大蔵省の予算編成の過程でも、本来はカットすべきものがカットされない仕組みができあがっていました。

大蔵省と各省との折衝《せっしょう》は、何段階かに分けて行われるのが恒例です。最初の段階で、私の交渉相手である大蔵省主計局の通産省担当主査は、予算項目にいちいちケチをつけては「これを削れ」「あれも削れ」と要求し、バサバサとカットする方針を示します。私は「不要な項目は大蔵省の言うとおりに削ったほうがいい」と思っていましたが、実は、これはあくまでも「削るふり」にすぎないのです。

大蔵省内で、各省の予算全体を統括している企画担当主査は、各省に対して「削る」と言った分を集めて、改めて各省庁の担当主査に配分します。このため、折衝が進むと、担当主査は「企画からこれだけお金が入ったので、これとこれは戻しましょう」などと言って一度カットすると言ったはずの予算項目を復活させるのです。当時から国家財政は赤字でしたから、予算は少しでもカットして国債の償還にあて、国の借金を減らすのが筋なのですが、大蔵省にはそうした発想がまるでありませんでした。

大蔵省が最初に予算をカットしてみせ、段階的に復活させていくのは、一言で言えば予算の折衝が〝出来レース〟だからです。

予算折衝は、各省の総務課長、局長、事務次官、大臣と4段階で行われます。段階が上に行くに従って少しずつ予算項目を復活させていけば、みんなの顔が立つというわけです。つまり、大蔵省は最初から落としどころを決めているのに、局長や事務次官、大臣の顔を立てるために〝儀式〟としてそれぞれとの折衝をやっていたのでした。

この儀式に絡んでいたのが、族議員です。予算編成では、内示があるたびに各省庁の担当者から自民党の専門部会に内示額を報告する慣習がありました。

たとえば一次内示があったら、通産省なら自民党の商工部会に報告します。報告会には大臣も出席し、大臣が「いまのところこの額になっていますが、これではとても足りません。頑張ってもっと取ってきます。みなさんのご支援をお願いします」とやると、商工部会の族議員たちは、「そうだそうだ、頑張れよ。俺たちも応援するぞ」と気勢を上げる――といった光景が展開されます。族議員たちが大蔵省に陳情し、それに合わせて予算が上乗せされることで、彼らの面子《メンツ》も立つというシナリオになっていたわけです。

「こんな儀式は労力と時間の無駄だし、バカバカしい馴れ合いはやめたほうがいいよなぁ」と思っていた私は、当時の大蔵省の通産省担当主査に「総務課長折衝なんかやめましょうよ。ついでに局長折衝もやめませんか？」と提案しました。普通ならこのような突拍子もない提案は受け入れられないものなのですが、その主査は非常に合理的な人で、すぐに私の意図を理解してあっさり「そうですね。やめましょうか」と応じてくれました。

かくして、通産省では総務課長折衝と局長折衝をカットすることになりました。もちろん、こんなことは前代未聞です。総務課長は「法令審査委員が言うならしかたがない」という感じで受け入れたものの、局長のなかには「俺が行けばもっと予算が取れる」と言い張る人もいました。私は内心、「予算折衝が出来レースだと気づいていないなんて、かわいそうだなぁ」と思いましたが、本人が「絶対に行く」というものは止められません。結局、3人ほどの局長が折衝に出かけていきました。

しかし、大蔵省の主査は私の意図をよくわかっていたので、あえて局長折衝では予算を上乗せせず、上積み分は次官折衝に回してくれました。結局3人の局長たちは、意気消沈してすごすごと帰って来ることになったのでした。

通常、復活の折衝をやっている期間中は、大蔵省の各省庁担当主査の部屋は、陳情にやって来る人の波で目の前の廊下がごった返すものです。それなのに、この折衝をやめた日は、通産省担当主査の部屋の前だけがガランとしていたわけですから、周囲には異様な光景に映ったことでしょう。後で聞いたところ、当時の大蔵省では「どうやら担当主査が通産省と問題を起こしたらしい」というあらぬ噂が省内を駆け巡っていたそうです。

組織のためではなく社会のために、と考えると「忠誠心のない奴」になってしまう

官房三課の法令審査委員は、通産省において「若手を代表する立場」「責任重大なポスト」と見なされていました。

一般に、人は〝重要ポスト〟に就くと、そのポストが果たすべき役割を考えて行動する傾向があるようです。しかしシニアの法令審査委員になっても、私は「通産省」の若手を代表するという意識が薄かったように思います。

私が大臣官房会計課の筆頭課長補佐だった当時、通産省内部を揺るがす事件が起きました。将来の事務次官候補と見られていた官房長が、政治的思惑のもと、通産大臣によってクビにされたのです。省内で出世街道を突き進んでいた人が、突然、退職して天下りするよう求められるというのは、通常では考えられないことでした。

通産省の官僚たちは、この人事を「政治介入だ」と問題視し、「こんな人事を認めるわけにはいかない」「撤回させるべきだ」と憤りました。騒ぎはどんどん大きくなり、「大臣に抗議しなくては」という話になって、若手代表として官房三課の法令審査委員

が大臣のところに行くことになったのです。

しかし、私は最初からこの騒動に違和感を持っていました。普段は実質的に省内の事務方の間で人事が決まり、大臣は追認するだけですが、本来、人事権は大臣が持っているのです。大臣が「適材適所で判断した」と言えば、官僚がいくら抵抗したところで人事をひっくり返すことはできません。言ってしまえば、「大臣の好きなようにさせてはいけない」という考え方のほうがおかしいのです。

ホテルにこもっていた大臣を訪ねると、案の定、「今回の人事には政治的な意図は何もありません。いろいろ検討して、通産省やみなさんのこともよく考えて、一番いいと思う人事を行ったまでです」と言われてしまいました。こう言われれば、「そうですか」と引き下がるしかありません。私は、「まぁ、しかたがないよなぁ」と思っていました。

こんな醒めた気持ちが顔に表れていたのか、大臣との面会が終わると、一緒に行った法令審査委員の一人が、私にお説教を始めました。「お前は官房会計課の法令審査委員だろう？　それなのに、通産省に対するロイヤリティが低すぎる」――。

確かに、私は組織に対する忠誠心と言えるものをほとんど感じていませんでした。では私が何に対してロイヤリティを持っているのかというと、それは社会に対してロイヤリティを持っているということかもしれません。「自分が所属する組織のために何かをやりたい、守りたい」という気持ちは持っていなかったので、同僚たちには、私はちょっと冷たく見えていたのではないかと思います。

しかし、公務員という仕事においては、組織に対するロイヤリティは高くないほうがいいのです。

競争にさらされる一般企業の場合、ビジネスには必ず顧客が存在します。組織に対するロイヤリティから自社の利益を追求するにしても、最終的には顧客を満足させなければ売り上げが立たず、組織は存続できません。「会社のために」が、ひいては必ず「顧客のため」「社会のため」につながっていくわけです。ところが公務員の場合、たとえば官僚が「経産省のために」と考えたことが「国民のため」になるとは限りません。

家族的に組織を思い、大切に守ろうという気持ちは、一般企業ではプラスに働くシーンが多々あると思います。しかし公務員に関しては、組織の利益を守ろうとすることが社会全体に損失を与えるおそれが大きいのです。私は、公務員は何をおいてもまず「国のため」「国民のため」と考えることが求められると思っています。

人間は環境で驚くほど変わる

官僚たちが、冷静に考えれば抗《あらが》いようがない人事に強く反発したのは、根底に「政治家が人事をやるなんてとんでもないことだ」という意識があるからです。「政治主導」という言葉が大きく取り上げられるようになり、最近でこそ公の場で「政治主導の人事はとんでもない」と言う人はいなくなりましたが、本音は昔もいまも変わりません。官僚にとって、人事は絶対、政治家に譲りたくない領域です。

官僚たちには、「政治家は役人の人事に介入すべきでない」と考える理由があります。

一つは、「政治家は何もわかっていないので、間違った人事を行うおそれがあるから」です。言葉を選ばずに言えば、官僚は政治家をバカにしており、本気で「政治家なんかに人事を任せたら組織がめちゃくちゃになって、誰のためにもならない」「政治家に官僚の人事ができるはずがない」と信じているのです。

確かに、いま政治家に人事を任せたら、適切な人事ができない可能性は高いと思います。というのも、これまで政治家は官僚の人事をやってこなかったからです。しかし、「できないのだからやらせるべきではない」とは言えません。「鶏が先か、卵が先か」と似た話ですが、何事も、「やらせればできるようになるけれど、やらせなければいつまで経ってもできるようにはならない」のです。思い切って政治家が官僚の人事を行う仕組みを作れば、政治家の不適切な人事によって行政が回らなくなった場合、国民から政治家が批判を受けることになるでしょう。人事に失敗した政治家が選挙に落選したり、時の政権が倒れたりすることだってあるかもしれません。

もちろん実務的には、官僚の人事を上から下まで政治家がやるのはムリですし、その必要もありません。しかし、国民の代表である政治家が少なくとも幹部官僚を国民目線で評価して人事を行わなければ、官僚が国民のために働くということにならないのは当然です。

そもそも、政治家と官僚の主従を考えれば、政治家が〝主〟で官僚は〝従〟なのですから、少なくとも幹部官僚の人事は政治家が行うこととし、国民が監視の目を光らせながら経験を積ませればよいのです。官僚たちは「自分たちのほうが頭がいいんだから、人事は官僚に任せておけばいい」と考えているのかもしれませんが、官僚が自分たちにとって都合のいい人事を行ってきた結果がいまの日本の惨状を招いていることをふまえれば、そんな理屈は通らないはずです。

もう一つ、官僚たちが人事への政治介入に抵抗する理由として、「行政への不当な介入を防ぐためには公務員に身分保障が必要」という考え方があります。

公務員が「いつ待遇が悪くなったり、クビになったりするかわからない」という状態になると、「万が一のために蓄財に励もう」というモチベーションが高くなることが考えられます。すると、業者から賄賂《わいろ》を受け取ったり、自分の処遇を左右する大臣や族議員から「俺の地元に補助金を出せ」などと言われたときに断れなかったりということが起きやすくなるので、「公務員が間違った道に進まないように身分を保障すべきだ」という理屈になるわけです。

これは一見、もっともらしい理由です。しかし実際には、政治家と官僚が一緒になって自分たちの利権を守る構造ができあがり、官僚が強固な身分保障制度に守られながら自分たちに都合のいい政策だけ実施し、都合の悪い政策はそれがたとえ国民のためになるものであっても、やらなくてすむ仕組みになってしまっています。公務員の身分保障システムは、すでに本来の意義を失っているのみならず、逆効果となっているのです。

私は、どんなシステムも「絶対にこれが正しい」ということはないと思っています。理想を追求して作った仕組みであっても、ひとたび制度ができると、人々は必ず、その制度のなかで自分が得するように工夫するようになり、長期的にはそのメリットよりも弊害が大きくなるのが自然の流れ。ですから大事なのは、「このシステムはもうダメだ」となったタイミングでシステムを抜本的に作り直すことなのです。

現在の官僚制度も、当初はうまく回っていたのでしょうが、いまではさまざまな問題が噴出してシステムとして限界を迎えています。もともと〝普通の人〟でも、官僚になると当然のように省益重視の価値観に染まるシステムになってしまっているわけです。

これは仕組みの問題で、個人ではどうしようもない話です。いくら声高に「天下りをするなんてとんでもない」「公務員一人一人が自らを律し、国民に恥ずかしくない生き方をしよう」などと言っても、問題は何も解決しません。

私は、いまの官僚制度のもとで天下りをする人を責める気持ちにはなれません。本当にごく普通の人たちが、悪意なく天下りというシステムにのまれていくのを自分の目で見てきたからです。私が大臣官房付に留め置かれている間、私の前でばつの悪そうな表情を浮かべた同僚は、みんなまじめで心優しい普通の人たちでした。平気な顔をしていたのは、図々しく、世間の空気が読めないごく一部の〝変な人〟だけです。

人間というのは、環境によってよい方向にも悪い方向にも動くものではないでしょうか。私は、官僚個人を責めたり、逆に立派な心がけに期待したりするのではなく、官僚が国民のために働きたくなるようなシステム作りこそを目指すべきだと思っています。

「持ち株会社の解禁」に取り組んで「不可能が可能になる」ことを知った

大臣官房会計課の次は、経済産業政策局に戻り、産業組織政策室の室長になりました。

ここで取り組んだのが、誰もが不可能だと言った独占禁止法（独禁法）の改正です。

私が室長になった１９９４年当時、日本経済にはバブル崩壊後の暗い影が落ちていました。景気回復の目処が立たず、金融機関が倒産し始めていたのです。

通産省の審議会でまとめられた「日本経済の課題」のなかで、数ある課題から私の目にとまったのが、「持ち株会社の解禁」でした。

１９４７年に制定された独禁法では、持ち株会社が禁止されていました。持ち株会社とは、自社では事業を行わず、主に子会社の株を保有し支配することを目的とした会社のことです。戦前の財閥は持ち株会社を中心に強大なグループを形成していたため、終戦後、「経済の民主化」を掲げたＧＨＱが財閥復活の芽を摘むべく独禁法によって持ち株会社を禁じたという経緯があります。以後、「経済の憲法」と呼ばれる独禁法は聖域扱いされ、改正を議論することすらタブーになっていました。

しかし私は、「持ち株会社は日本企業が効率的な経営を行ううえで非常に魅力的なツールになるに違いない」と感じていました。

当時、日本の大企業は多くが不採算部門を抱えて経営が非効率化していました。持ち株会社を解禁すれば、持ち株会社の下に子会社をぶら下げる形で各部門を分離・独立させやすくなります。持ち株会社の統括のもとで各部門が独立し、独自の経営を行うことで、従業員の待遇や働き方などをそれぞれの実情に合わせて柔軟に変えられるわけです。持ち株会社は、企業が不採算部門を切り離したり複数の企業が合併したりする際にも非常に便利に使えますから、経営の選択肢は広がります。

調査を進めると、当時、世界で持ち株会社を禁止しているのは日本と韓国だけで、グローバルスタンダードからは大きく外れていることも判明しました。世界と競争しなければいけない欧米企業と比べて日本企業だけが、足かせをはめられていたのです。

しかし、独禁法の改正には越えねばならない高いハードルがいくつもありました。

まずは研究会を立ち上げるために有識者にあたったものの、独禁法を専門とする大学教授たちは一人残らずと言っていいくらい「持ち株会社の解禁なんて一体何を考えているのか」という反応でした。法律学者は「特定企業の独占を防ぐためには、持ち株会社を禁じた独禁法9条は堅持すべきだ」という考えに凝り固まっている人がほとんどで、私の話に聞く耳を持たなかったのです。先進的な考えを持って協力してくださったのは、当時の成蹊大学の松下満雄先生、東京大学の江頭《えがしら》憲治郎先生、スタンフォード大学の青木昌彦先生、慶應義塾大学の金子晃先生など、ごく少数でした。

メディアも、持ち株会社解禁には反対のスタンスを示すところが大半でした。毎日新聞が「通産省が持ち株会社全面解禁」と1面トップですっぱ抜くと、主要な新聞各社は批判的な後追い記事を書き、「独禁法9条の改正は戦前の財閥復活につながる」といった論調の社説を掲載しました。

また、当時は自社さ政権で、首相は社会党の村山富市さんだったのですが、社会党は独禁法改正反対の急先鋒でした。「持ち株会社で分社化が容易になれば、切り離された不採算部門の労働者の待遇悪化を招き、労働組合も分断されかねない」などと猛反発したのです。

独禁法の運用を行う公正取引委員会（公取委）は当然、賛成するはずがありません。当時は日本企業が系列企業内で閉鎖的なビジネスをしていることが世界から批判を浴びていたタイミングでもあり、「系列化を促進するような持ち株会社の解禁など、とても認められるはずがない」というのが公取委のスタンスでした。

通産省内部には、最初から「持ち株会社の解禁を後押ししよう」という空気はありませんでした。誰もが「どうせ無理だから、そんなことに挑戦するのは時間と労力の無駄だ」と思っていたのでしょう。

しかし、研究会の報告書が新聞に出て大騒ぎになり、野党が予算委員会で取り上げると、事態は大きく動き始めます。当時の通産大臣だった橋本龍太郎さんが答弁しなくてはならなくなり、私は橋本さんのもとに答弁書を持って行ってレクチャーを行いました。これだけの重要課題を大臣への相談なく進めていたのですから、橋本さんに怒られるのではないかと思いましたが、橋本さんは私の説明を聞くと「わかった、これは大事だな」とだけ言いました。

私は用意した答弁書に、「持ち株会社を解禁することについて、少なくとも早急に検討に着手すべきだ」と書いていました。社会党や公取委の反発を考えれば、これがぎりぎりの表現だと思ったからです。ところが橋本さんは、答弁で「ご批判はあるが、積極的に検討したい」と言ったのです。「積極的に」と言えば、霞が関では「やる」という意味を表します。

私は大臣が言い間違えたのではないかと思い、焦りました。しかし後で確認すると、橋本さんは「持ち株会社は解禁すべきだ」という判断のもと、わざと表現を強めていたのです。重大な局面で自らリスクをとって判断するというのは、まさに「政治主導」の見本だったと思います。

橋本さんの答弁は、反対派の強烈な反発を招きましたが、私は裏で次の手を打っていました。それは、公取委の権限強化です。

持ち株会社解禁に反対する人たちは、「財閥のような企業グループが復活して市場を独占するのではないか」と懸念していました。それなら、持ち株会社を解禁しながら、談合などの悪事を働くことがないよう公取委がしっかり取り締まれる体制を作ればいいわけです。

公取委は、健全な市場競争のために、非常に重要な役割を担っています。カルテルなどが横行して物の価格がつり上がれば、ひいては日本の産業の競争力を削《そ》ぐことになりかねません。ところが日本では海外と比べて公取委の権限と体制が弱く、「吠えない番犬」などと揶揄《やゆ》されていました。そこで公取委の人数を増やし、組織の格上げを行おうとしたのです。

それまで、公取委トップの事務局長はほかの役所で言うところの「局長級」で、事務局長の下の取引部長、経済部長は、「部長級」「審議官級」でした。「次官級」のポストはなく、役所のなかではなんとなく〝格下〟と見なされていたと言っていいでしょう。「公取委に東大出身者が3人も入った！」などと話題になった年があったほどです。そこで私は、「事務局を事務総局に変えてトップを次官級にし、いまの部長2人は局長級にして、その下に新しく部長級のポストを作りましょう」と提案しました。

私は公取委をあるべき地位に引き上げようとしただけなのですが、公取委は「持ち株会社解禁と抱き合わせで焼け太りできる」とでも考えたのでしょう。方針をころりと変え、持ち株会社解禁賛成に回りました。この後、村山内閣が倒れて橋本内閣が誕生すると、橋本総理のもとで独禁法改正法案が成立したのです。1997年、私が持ち株会社の解禁に取り組み始めてから3年後のことでした。

「不可能だ」と言われた持ち株会社解禁が実現できたのは、これが正しい方向だったからだと思います。

私は周囲がどんなに無理だと言うことでも、「間違った方向に向かっているものを正しい方向に戻すことであれば、実現できる可能性はあるはずだ」と思っています。独禁法改正は私の官僚人生のなかでもかなり困難な仕事でしたが、解禁にこぎつけられたことで、「不可能なこと」でも、正しければ「可能」になるということを確信できるようになりました。

「難しい」と言われると、やる気が出る

OECD（経済協力開発機構）という国際機関に出向し、パリに赴任することになったのは、私の「何気ない」一言がきっかけでした。ある日、産業政策局の局長に呼ばれ

て「次はどうしたい？」と聞かれたのです。自分の処遇について希望を聞かれたのは初めてのことで、私は深く考えないまま「ゆっくり休める海外勤務だといいですね」と答えました。

持ち株会社解禁の仕事でへとへとだったので、「休みたい」というのは本音でしたが、海外勤務というのは本気ではありませんでした。通常、海外に出る職員は早めに決めるものです。人事異動の時期は目前に迫っていましたから、海外のポストはすべて埋まってしまっていることはわかっていました。いくら希望したところで、私が海外のポストに就ける可能性はほとんどないはずでした。

ところが、私の人事の話が局長から総務課長へ、そこから秘書課長へと伝わると、秘書課長は通商政策局に相談。無理やり、OECD事務局のプリンシパル・アドミニストレーターというポストを見つけてきたのです。産業政策局長と言えば次の事務次官候補ですから、おそらく、「局長の指示を無視するわけにいかない」と思ったのでしょう。

しかし、これは私には荷が重い話でした。

役所の海外ポストというのは、たいていの場合、「休むために行くようなもの」と言えます。周囲は日本人ばかりという職場が多く、秘書がつくなどサポート体制がしっかりしていて、日本にいるときに比べて仕事は少ないものだからです。ところがＯＥＣＤ事務局となると、一緒に働く相手はほとんどが外国人で、仕事も山ほどあります。しかも、公用語は英語とフランス語。南ア時代は英語で仕事をしていたとはいえ、ＯＥＣＤで議論に参加できるほどの英語力は身についていませんでした。フランス語なんて、もちろんまったくわかりません。

私が行けば相手の迷惑になるのではないかと思って秘書課長に相談したのですが、総務課長から「黙って従え、人事のことは口にするな」と言われ、そのままフランスに出されることになってしまいました。

フランスには、約3年いました。予想にたがわずフランス語はもちろん英語でも苦戦し、大変な思いもしましたが、なかには印象深い仕事もあります。最も力を入れたのは、発送電分離などの電力市場自由化を仕掛けたことです。

日本では、電力会社が発電部門と送電部門の両方を持ち、地域ごとに電力の供給を独占しています。競争がないため、電力会社は電気料金を意のままに設定できるのです。もちろん料金を値上げする場合は経産省のチェックが入ることになっているのですが、経産省からたくさんの天下りを受け入れている電力会社に対して不利益になるようなことはしにくいもの。電力会社と通産省の癒着ぶりは、目に余るものがありました。

こうした問題の根源は、電力会社が市場を独占し、価格決定権を握っていることにあります。OECDで行われていた電力の規制改革議論では、電力市場に競争を導入するための自由化と発電部門と送電部門の分離が焦点となっていました。発電と送電を別会社にして発電や電力の小売りなどを自由化して、新規参入業者を増やし複数の会社に分け、電力を購入する側が電力会社やさまざまな電力サービスを自由に選べるようにすれば、価格競争が起きて癒着も解消するというわけです。

いま、携帯電話の世界ではドコモやau、ソフトバンクなどが競争し、料金プランも種類が多すぎてわからないくらいですが、電力もそういう世界を目指すと考えればわかりやすいでしょう。

しかし、独占で甘い汁を吸っている東京電力をはじめとする各電力会社や通産省にしてみれば、発送電分離を含む電力市場の自由化などとんでもない話です。話がそう簡単に進むはずはありません。そこで、私はOECDから日本に勧告が出るよう動くことにしました。もちろんOECDの議論には、日本政府も参加してこれに抵抗していましたから話はすぐにはまとまりません。まず、日本の国内世論を高めるために「検討段階にある」という内容で日本国内にニュースが流れるよう仕掛けたわけです。

官僚が新聞記者などプレス関係者に検討中の事案について情報提供し、ニュースにしてもらうというのは珍しい話ではありません。どのような世論が起きるか様子を見るためであったり、世論を味方につけて反対派を黙らせるためであったり、新たな動きが生まれることを画策したり、役人の狙いはさまざまです。時には記者と議論になることもあり、重要課題に取り組むときほどプレスとうまく付き合うことが必要になると言ってもいいでしょう。

私には、産業組織政策室にいる頃から懇意にしている新聞記者がいました。もちろん、何でも思ったとおりに書いてもらえるわけではありませんが、記者にしてみれば検討段階のネタであってもおもしろければニュースバリューがあると考えるものですし、途中で内容が変わった場合は「なぜ検討段階から変更されたか」を書けばもう1本記事ができるわけですから、お互いにメリットがあるのです。

私が旧知の新聞記者に発送電分離の件を話すと、彼は電力自由化は重要なテーマだと理解してくれ、「OECDが規制改革指針　電力の発電と送電は分離」という見出しの大きな記事が新聞に載ることになりました。さらに、ニュースを受けて時の通産大臣が前向きなコメントを出し、「通産相が検討指示、発電と送電を別会社に」という記事まで出たのです。もちろん、通産省では「一体、誰のしわざだ」「こんなことをやるのは古賀しかいない」と大騒ぎになりました。これをきっかけとして、日本の電力市場改革がようやく動き出すことになったのです。その後の改革の進捗は電力会社や経産省の強い抵抗によって残念ながらOECDの勧告と比べれば、まったく不十分なものにしかなっていないのは、みなさん御承知のとおりです。

「おかしいな」と思うことがあると、常に、それをなんとかして変えようとする私は、守旧派の官僚からすればトラブルメーカー以外の何者でもないでしょう。フランスに行ってまで騒動を起こすのですから、省内には苦々しく思っていた人もいたに違いありません。

私は、みんなが「正しいかもしれないけど、そんなことはできっこない」と思っていることをやるのが大好きです。みんなが、難しいと言えば言うほど、やる気が出てくるのです。

主役は民間。役所は縁の下で支える

1999年にフランスから帰国すると、私は通産省に戻って商務情報政策局の取引信用課長というポストに就きました。クレジットカード偽造を取り締まるための刑法改正などを手がけ、約1年後、今度は産業技術環境局の技術振興課長に異動となります。

ところが、このポストはたった半年務めただけで離れることになってしまいました。当時は特殊法人だったNEDO（新エネルギー・産業技術総合開発機構）を独立行政法人に変えるという仕事をしていて、法案を作り、これから国会審議という段階だったのですが、突然、異動を命じられたのです。法案を担当している課長が途中で異動するのは異例のことです。待っていたのは、産業再生機構を作るという私にとってまったく未知の仕事でした。

2002年10月、私は内閣府に設置された産業再生機構設立準備室の参事官となり、まずは産業再生機構を設立するための法律作りに取り組むことになりました。

当時は銀行が大量の不良債権を抱え、金融システム不安が起きていました。金融は経済の血流と言われますが、金融システムが機能しなくなって血（＝お金）が巡らなくなることは、日本経済にとって死活問題です。しかし銀行への公的資金注入は「税金を使って銀行を助けるのか！」という世論の批判が強く、政府としてなかなか言い出せません。一方、銀行としても「ウチに資金を入れてください」と言うと、「あそこの銀行は危ないんだ」と思われるのがこわいし、政府の資金を受け入れると、当然「リストラしろ」などと言われるので、自らは言い出せません。銀行への公的資金注入はスムーズに進まず、不良債権処理の切り札にはなりませんでした。

当時は多くの企業がバブル期にたくさんの借金をして土地を買ってしまい、バブルがはじけた後、本業は健全なのに土地投機失敗で残った借金でクビが回らなくなっていました。こういう企業は借金さえカットしてあげれば、十分立ち直ることができます。そこでこうした企業を支援して産業の再生を図りながら、不良債権処理を進めて金融システム不安を解消することを目的として産業再生機構が、設立されることになったのです。具体的には、「本業がしっかりしていて再建可能だ」と判断できる企業があれば、まずその企業の不良債権を銀行から買い取り、さらに必要な資金を銀行ではなく企業に投資します。旧経営陣をクビにして新しい経営陣を招き、無事に再建できたら投入した資金を回収するわけです。

当初、銀行側は「産業再生機構に不良債権を高く買い取ってもらおう」ともくろんでいたようでした。しかし回収の目処が立っていない、いわば紙くず同然の不良債権を、銀行が「損が出ないように高めの価格で買ってほしい」と言うのは虫のいい話。不良債権の買い取り資金は最終的に国民の税金から出るわけで、企業が再建できず債権が回収できなくなれば、税金を無駄にしてしまうことになります。国民に負担を押しつけるリスクをできるだけ回避するには、債権は回収見込みの立つ範囲内の価格で買うべきです。ただ、そうなれば、銀行側から見れば元本1億円の債権を5000万円で売らなければならないというようなことになり、大きな損失が生じます。できるだけ高く債権を売りたい銀行と産業再生機構との間で、せめぎ合いが起きるのは必至でした。

私が産業再生機構の設立準備室に入ったとき、銀行は、産業再生機構を自分たちにとって都合のよい組織にできるよう、準備室の事務局に数十人もの人を送り込んでいました。その銀行員たちは、設立後もそのまま産業再生機構に出向する予定になっていたのです。しかし、このような体制では、債権の買い取り価格が銀行の思惑どおりに決まってしまいかねません。そのうえ、銀行は後々、出向者を増やしていくという構想を持っていました。産業再生機構をリストラ対象となる銀行職員の再就職先として利用しようというもので、これでは焼け太りもいいところです。

私は心ある準備室の職員たちと協力して、銀行員は全員銀行にお引き取り願い、民間から不良債権処理のプロを集めました。通常、役所が組織を作る場合は、役人と関連業界の人、つまりこのケースなら銀行員を集めるものです。しかし、産業再生機構は幹部を知見のある民間人で固め、役人は彼らをサポートするための最小限の数に抑えて組織を作りました。そのうえで、債権買い取りは公正な評価に基づいて買い取り価格を決めるなど、具体的なルールを決めていったのです。

また、産業再生機構は「5年間の期間限定」としました。こういった組織は役所が天下り先として存続させようとするものなのですが、役割を終えても生きながらえさせるのは無駄以外のなにものでもないからです。


産業再生機構発足時は私も執行役員に就任しましたが、私の仕事は現場の実務ではなく組織の仕組みをしっかり作り上げることでしたから、設立から1年経ったところで産業再生機構を離れました。

産業再生機構はその後、カネボウやダイエーなど約40社の再生を手がけ、支援が当初予定よりスムーズに進んで約4年で解散。きちんと利益を出せたので、存続期間中は約300億円の税金を払い、解散後は約400億円を国庫に納めることができました。今後、産業再生機構が再建を手がけた企業の再評価は必要だと思いますが、とりあえず初期の目的を達成し、国民に負担を押しつけることも無駄な天下り先を増やすこともなかったわけですから、国がやった事業としては、破格の成果をあげられたと言っていいと思います。

「KY」でもかまわない

2004年、私は産業再生機構から経産省に戻り、経済産業政策局経済産業政策課長になりました。経済産業政策局は経産省の屋台骨とも言うべき局で、局長は次の事務次官候補となります。トラブルメーカーの私がその局の筆頭課長となったのですから、きっとその頃は経産省の幹部や有力OBなどのなかには、私の考え方を支持してくれる人たちがいたのではないかと思います。

経済産業政策課長時代の2005年、経産省を揺るがす問題が起きました。大臣官房企画室が外郭団体の研究費を流用して裏金を作り、企画室長がその裏金を流用して株取引をしていたことが発覚したのです。

私は裏金問題に直接関わる立場にはありませんでしたが、当然、このような不祥事は徹底解明し、膿《うみ》を出し切るべきだと考えていました。しかし、経産省内部にはこの問題をできるだけうやむやにしたいという空気があったように思います。当時の経産省には各局の筆頭課長が集まる「政策調整官会議」という場があり、経産省全体の重要問題を議論していたのですが、私がこの会議で「裏金問題はもっとしっかり調査すべきだ」などと主張すると、主要な筆頭課長はみんな顔を歪めていました。

裏金は組織内で何十年も引き継がれてきたもので、過去にさかのぼって責任を徹底追及すれば、厳しい処分を受ける人が芋づる式に拡大することも考えられました。しかし最終的には、裏金を流用していた企画室長が退職させられたほかは、事務次官以下数十人の職員に対して戒告などの処分が行われただけ。真相解明にはほど遠い幕引きとなりました。

この問題は、経産省幹部から見れば、一つ間違えれば自分たちのクビが飛ぶというような大事件だったわけで、そんなときに「徹底究明」などと叫んだ私は、自分たちの命を断とうとする、とんでもない男だと思ったのではないかと思います。そうした「空気」も無視して、会議でこの問題に突っ込んだ議論をするなんてまったくの「KY」だったのかもしれません。このときに買った幹部の恨みは、後々の私の官僚人生に大きな影響を与えたのではないかと思います。

正しいことなら、いつかはできる

私が経済産業政策課長として手がけたのは、〝ポスト小泉〟の政策アジェンダ（課題）作りでした。当時はまだ小泉政権下にあったのですが、日本経済には「構造改革疲れ」が見えてきており、中長期的な視野で日本経済について考える必要があったのです。少子高齢化問題や消費税、社会保障の問題はもちろん、教育や雇用政策をどう変革すべきかなど、日本という国の大きなビジョンを描き、進むべき道を探ることが求められていました。

たとえば、破綻しているのではないかと思われる年金について、自分たちで試算をやってみたり、農協とか医師会が嫌がるので、なかなか議論できない農業改革や医療改革などについて表舞台で正面から議論しようとしたのです。

私はまず、経産省の諮問機関である産業構造審議会に「基本政策部会」を立ち上げようとしました。しかし、当時の事務次官は、この部会立ち上げに強く反対しました。「そんな机上の空論をやってどうするんだ」と言うのです。

当時の次官は、省内で〝地べた系〟と呼ばれていました。地べた系とは、まるで地べたを這うように問題を見つけてきて「現場主義」の名のもとに政策を出す人たちのこと。たとえば、「とりあえずいまは中小企業が大変なんだから、中小企業を守る政策を」といったことばかりやるわけです。

次官に悪意があったわけではないのかもしれませんが、「日本経済の将来を見通そう」というような全体観が欠けていたため、私が取り組もうとしている問題を「机上の空論」としかとらえられなかったのでしょう。また、経産省が年金や消費税などセンシティブな問題を取り上げることにリスクがあると考え、自分が次官をやっている間に騒ぎを起こしてほしくないと考えていたふしもあります。現に、私たちが年金について厚労省のモデルを用いて独自試算をしたところ、自民党の厚労族議員からストップがかけられたこともありました。

私は若手の部下数人を引き連れて次官室に行き、部会をやらせてくれるよう直訴しました。最初は1時間半ほど議論しましたが、次官はなかなか「うん」と言いません。しかし、もう一度次官室に押しかけて「この部会はどうしてもやりたい」と訴え、「なぜやってはいけないのか」と問い詰めると、次官はまともな説明ができなくなりました。そして最後は、次官から「だったら勝手にやれ」という言葉を引き出したのです。私は「ありがとうございます」と言ってその場を去り、部会の立ち上げに着手しました。

私は、一度「やる」と決めたら、どんなに抵抗されてもあきらめることはまずありません。何かをあきらめなければならないのは、「自分のほうが間違っていたな」という場合か、あるいは「永久にできる見込みがない」と判断せざるを得ない場合だと思うのですが、正しい道を選んでいる限り、「永久にできない」と言い切れるケースはほとんどないからです。

しかしこのとき、私は志半ばではしごを外されてしまいました。部会を立ち上げて半年後、中小企業庁の経営支援部長というポストに飛ばされたのです。

当時の私は、裏金問題の追及をはじめ、経産省の古い体質にもの申し続けていました。次官や局長と対立することが増えており、次官は「これ以上、こいつに好きにやらせておくわけにはいかない」と考えたのだと思います。

私は、「あのとき〝ポスト小泉構想〟がしっかりまとめられていれば、日本はこれほどひどい状況にはなっていなかったかもしれない」と思っています。成長戦略、税と社会保障の問題、少子高齢化問題などは一体で考えなくては根本的な解決策を見出すことができませんし、それこそ政府が最重要課題として取り組むべきことです。大きなビジョンがないままだと、民主党政権のように「とりあえず増税」「その先でまた足りなくなったら増税」という小手先の対応に終始し、事態を悪化させることになります。

しかし結局、私がこのポストを退いてからは、局長や次官の方針で、部会の報告書は当たりさわりのないものになってしまいました。

かつての経産省は、省庁のなかでも改革の気風を持った役所でした。バブル崩壊後も、景気がよかった時代の余韻があり、しばらくは攻めの姿勢が失われていなかったのです。しかし、ちょうど小泉改革が始まった頃から経産省は守りに転じ、全体の流れが急激に変わっていったように感じます。

第4章　しがみつかない。でも、あきらめない

意図的な人事で、「フェイズアウト」という作戦

私は出世を望んだことはありませんでしたが、2005年の夏までの経歴を表面的にみると、むしろ経産省のなかでもいわゆる「よいポスト」に就くことが多かったような気がします。経済産業政策課長も、最近では「将来の次官候補」と言われるポストで、私のような人間にはふさわしくないまさに組織の中枢にあったわけです。

当時の次官はすぐにでも私をクビにしたかったのではないかと思いますが、私のような、外から「改革派」と見られている人間を急に辞めさせれば、当然、波風が立ちます。この点、私が経済産業政策課長の後に就任した中小企業庁の経営支援部長というポストは、組織の中枢からは大きく外れますが、一応「課長」から「部長」への昇進。「なぜ古賀さんを飛ばしたんですか？」と聞かれても、「いやいや、昇進させたんですよ」と言えるというのが、この人事異動の目論見だったのでしょう。しかし、実情を知っている人から見れば、この人事は左遷以外のなにものでもありません。

しかも、経営支援部長はいわゆる「指定職」。官僚の給与は俸給表に従って決まりま

すが、この俸給表は「一般職」と「指定職」に分かれており、部長、次長、審議官など上のクラスは「指定職」の俸給表が適用されます。そして、役所には「指定職になったらその後はいつ肩たたきされるかわからない」という不文律がありました。「給料が上がって退職金もかなり増えるんだから、後は贅沢を言わずにだまって退職して天下り先に行ってください。給料とポストは用意します」――ということなのです。つまり私は、「いつ追い出してもいいポスト」に追い込まれたのでした。

1年が経ち、「そろそろ肩たたきされる頃かなぁ」と思っていると、次は独立行政法人の中小企業基盤整備機構に理事として出向することになりました。さっさとクビにしなかったのは、やはり、何かと物議をかもしてマスコミにもよく知られた人間を急に辞めさせることに躊躇したからでしょう。

しかしこのポストに就いていたのはたった1年で、次はやはり経産省傘下の独立行政法人である産業技術総合研究所へ理事として出向。産業技術総合研究所の本部は霞が関でしたが、研究所はつくばにあったため、霞が関とつくばを行ったり来たりしなくてはなりません。霞が関での活動は、おのずと制限されました。

私はこの頃も記者の方々から経産省の政策について取材を受けることが多く、経産省を批判したり経産省の意向と異なる政策を提案したりしていましたから、おそらく、東京から引き離すことで私の存在感を薄めようとしたのでしょう。独立行政法人の理事は2年ずつ務めるのが通例であることを考えれば、1年での異動は意図的な人事だったと考えざるを得ません。私の存在を段階的に消滅させる「フェイズアウト」（Ｐｈａｓｅ ｏｕｔ）作戦だったのです。

大腸ガンが見つかり、「死」を覚悟

独立行政法人の理事というのは、はっきり言ってしまえば、いてもいなくてもいい存在です。「いずれは民間企業に自分で転職先を探すことになるかもな」――そんなふうに思っていた矢先、私は突然下血し、病院で検査を受けることになりました。結果、大腸ガンであることが判明。２００６年、中小企業基盤整備機構に出向となった直後のことでした。

ガンはすでにかなり大きくなっており、医師からは最初の検査で「転移している可能性が高い」と言われました。すぐに入院して詳しく検査したところ、肝臓への転移が疑われ、医師は「手術は大がかりなものになる」と言います。

手術を控えて続けざまに検査を受ける日々を送りながら、私は病院の窓から見える東京タワーを眺めては、暗い気持ちで「あぁ、死ぬんだなぁ……」と思っていました。もちろん明日すぐに死ぬということではないにしても、「進行が速いガンもあるしなぁ」「運よくもって数年かなぁ」などと考えたものです。

そんな状況でおもしろいと思ったのは、人間は現実的なものだということです。手術のときに麻酔薬を背中から入れると言われると、生きるか死ぬかという場面なのに、やっぱり「注射は痛いのかな」と気になるのです。私はもともと注射が大嫌いで、採血するときも貧血を起こして血が採れなくなるほどでしたから、なおさらでした。

手術の結果、肝臓には転移がなかったものの、リンパ節への転移が発見されました。リンパに転移していたということは、ガン細胞が身体中にバラまかれ、どこかに潜んでいる可能性があるということですから、再発の危険性は低くないと言えます。

もっとも、これはガン患者になってみてわかったのですが、「5年後生存率50％」といった数字は当人にとってあまり意味がありません。たとえ生存率が90％でも10％は死ぬわけですから、「いくら確率論を言ったところで、結局のところ、自分にとっては生きるか死ぬかしかないんだな」と思ったものです。

ほかの臓器への転移がなかったので手術は当初の想定より大がかりにはならず、経過がよければ2週間程度で退院できるはずでした。しかし術後に腸閉塞を起こしてしまったために入院が長引き、結局、退院したのは1カ月半後のことでした。

早期のガンではありませんでしたから、手術が終わっても治療は続きます。私の場合、退院後に抗ガン剤治療が始まりました。体内に残ったガン細胞を殺すために、6種類もの薬を飲むのです。1日3回服薬し、最初は数週間ごと、その後も数カ月に一度は検査をする日々ですから、嫌でも毎日「ガンなんだ」ということを再確認しなくてはならず、自分がガンだという意識が頭から離れることはありませんでした。

抗ガン剤治療は、その後1年間続きました。当初は2年の予定だったのですが、副作用で肝機能が落ちてしまい、医師が「これ以上は続けられない」と判断したからです。

2年続けるはずだったものを1年でやめるのは不安もありましたが、その後の定期的な検査では再発は見つからず、6年を無事経過しています。

すべては自己責任

いま振り返ると、仕事がないポストを与えられた直後にガンが発覚したわけですから、私はラッキーだったと思います。入院する際は「どうせいてもいなくてもいいんだから休んでおこう」と割り切ることができましたし、その後も、「仕事よりは身体が大事」という生活を続けていても、ほかの人たちにそれほど迷惑をかけなくてすんだからです。これが多忙なポストだったら、ほかの人への気がねもあって、なかなかこうは思えなかったかもしれません。

ガンになって強く感じたのは、「すべては自己責任」「最後はすべて自分の責任なんだ」ということでした。

実は、私はガンが発覚する前年の人間ドックで「要再検査」と診断され、病院に行っていたのです。本当はここで内視鏡検査をしておくべきでしたが、1カ月以上待つと聞いてやめてしまいました。バリウム検査なら待たずに受けられると聞いて「まぁそっちでいいだろう」と思ったのですが、内視鏡検査と比べて精度が悪かったせいか、バリウム検査ではガンが見つけられなかったわけです。それで、後にガンが見つかったときに「再検査の方法は自分の判断だったよな、やっぱりすべては自己責任」と思ったのでした。

一度は死を覚悟した身ですから、生還できたのは「運がよかった」と思いました。「いつ、また、再発するかわからない。人生、好きなことをやったほうがいいな」「せっかく拾った命なんだから、自分がやりたいことを思い切りやろう」という思いが強くなりました。ガンになったことでこわいものがなくなったような感覚になったのです。

人生はジェット・コースター。そして茨の道へ

私がガンの手術で入院している間に、政治の世界では安倍政権が誕生していました。首相補佐官になった議員から「手伝ってほしい」と連絡があったのは、退院して数日後のこと。入院で体力が落ちているうえ、これからさらに抗ガン剤治療を行おうというタ

イミングでしたから、残念ながらこの依頼はお断りせざるを得ませんでした。

その3カ月後、今度は渡辺喜美さん（現在のみんなの党代表）から声がかかりました。当時の行政改革担当大臣が辞任し、渡辺さんが後任となったのです。「補佐官としてサポートしてほしい」という要請を受けたのですが、当時は身体がまだ回復しておらず、通勤するだけでも体力的にやっとという状態。抗ガン剤治療も続いていました。私は渡辺さんのことを「信念と行動力のある政治家だ」と思っていたので、お手伝いしたいのはやまやまだったのですが、いつ倒れるかわからない身体でお引き受けするわけにはいきません。このときは、経産省でもとびきり優秀な若手官僚だった原英史《えいじ》さん（現在は政策工房社長）を紹介し、残念ながらお断りしたのでした。


私が中小企業基盤整備機構、産業技術総合研究所と独立行政法人を渡り歩いている間、渡辺さんは私が紹介した原英史補佐官を右腕にし、国家公務員法の改正に取り組みます。

この改革の重要なポイントは、省庁による天下りの斡旋を禁止することにありました。天下りとひとくちに言っても、官僚が民間企業に行くことがすべて悪いわけではなく、問題となるのは「ある官僚が、普通なら自分の力では行けないような企業や団体に転職すること」です。よく霞が関では、官僚たちが「役所が自分たちの権限を振りかざして企業や団体に天下りを斡旋するケース」が悪いのだから、そういうことだけダメだということにすればよい、という意見を耳にします。でも、実際には官僚が、目に見えるように「権限を振りかざす」などということはしないものです。この改正は、〝無言の圧力〟を含めて公務員による天下りの斡旋を全面的に禁止するという画期的なもので、もちろん霞が関からは猛反発を受けましたが、安倍政権はなんとか改正案成立にこぎ着けました。

安倍晋三首相が体調を崩して辞任した後も、公務員制度改革に邁進《まいしん》する渡辺さんは休むことなく次の手を打ちます。福田内閣で、今度は国家公務員制度改革基本法の制定に取り組んだのです。

公務員制度改革基本法は、「国家戦略スタッフの創設」「内閣人事局の創設」「キャリア制度の廃止」などの取り組むべき課題を設定し、いつまでに実現するかスケジュールを示したものでした。中曽根康弘元総理は「これは革命だよ」と言ったそうですが、この法案に対する、官僚や自民党の抵抗は想像を絶するものでした。しかし、渡辺さんはメディアに積極的に訴えかけることにより、世論の支持を得て、なんとかこの法案を成立へと持っていったのです。２００８年6月、この法案が衆議院内閣委員会で可決された後、インタビューを受ける渡辺さんの目には光るものがありました。涙を流す渡辺さんの姿は、法案成立までの間、想像を絶する苦難の道があったことを物語っていたように思います。

中曽根元総理が「革命」と呼んだ国家公務員制度改革基本法は、いわば「公務員改革の憲法」ですが、これを実行に移すためには、多くの法律改正が必要でした。その推進母体として、内閣に「国家公務員制度改革推進本部」が設置されることになります。そして、私が渡辺さんからこの改革推進本部の事務局幹部として呼ばれたのは、２００８年7月のことでした。

声がかかったときはガンの手術から2年目の検査を目前に控えていたため、私は「検査で問題がなければ行きます」と答えました。そして検査結果は、異常なし。こうして私は内閣官房国家公務員制度改革推進本部事務局審議官となり、公務員制度改革に挑戦することになったのです。私の起用には官邸から強い反対があり、福田康夫総理も難色を示したと聞きますが、渡辺さんは熱意でこの人事を押し通したそうです。

当時の私は、その夏の人事で肩たたきを受けることが確実だと予想していました。3年前に中小企業庁に飛ばされて以来ずっと覚悟していたことです。退官後、暇になったら何をしようと考えて、サックスを始めたのも3年前でした。経産省幹部と対立したものの、ガンを患い反撃のチャンスもないまま、中央官界から消え去ろうとしていた私に、もう一度国のために闘うチャンスが与えられることになったのです。いわば「復活」のときだったと言ってよいでしょう。人生、何が起きるかわからないとつくづく思いました。

事務局には各省庁から送り込まれた〝守旧派〟や〝事なかれ派〟も多く、改革派と言える人は少数派。しかし、私は渡辺さんのリーダーシップのもとで少数派が改革を強力に推し進めていくことはできると考えていました。ところがこの見通しは、私が着任してほんの数日で覆されてしまいます。8月1日、福田政権の内閣改造で、渡辺さんが行革担当大臣を退任させられたのです。

信頼できる強力な後ろ盾を失った私は、その後、茨の道を歩むことになりました。

国民の支持があれば官僚のすさまじい抵抗もこわくない

官邸内の守旧派官僚からの抵抗は、非常に強いものがありました。なんと事務局の幹部が、マスコミや労働組合、事務局の出向者に向けて私を誹謗《ひぼう》中傷する怪文書をバラまいたこともあり、その汚いやり方にはさすがに暗い気持ちになったものです。自民党内では中川秀直、塩崎恭久《やすひさ》議員らを筆頭に、河野太郎、平将明《たいらまさあき》、柴山昌彦議員など頑張ってくれる改革派もいましたが、残念ながら改革に熱心な人は完全に少数派でした。

身近に援軍がいない場合、最も強力な後ろ盾となるのは「国民の支持」、すなわち「世論」です。公務員制度改革を後押しする世論が盛り上がれば、守旧派は表立って改革案に反対できなくなるからです。

私の頼みの綱は、外部有識者による顧問会議でした。改革基本法では、重要事項についての最終決定権は内閣が持っているものの、顧問会議が必ず審議することと定めています。これは渡辺さんが作った仕組みで、顧問会議はいわば〝お目付役〟のようなものでした。顧問会議のメンバーには堺屋太一さんや屋山太郎さんなど熱心な改革派も多く、メディアに強い発信力を持つ方もいましたから、世論喚起の最大の推進力になることが期待できたのです。

また、守旧派から理不尽な抵抗にあったときは、マスコミに対して背景などを丁寧に解説することで世論を味方につけていきました。プレスに情報提供して記事にしてもらい、意識的に世論を盛り上げるという方法は、私が持ち株会社の解禁などに取り組んでいたときからやっていたものです。世論の応援というのは非常に効果的で、世の中の注目が集まるほど抵抗勢力は叩かれるようになり、攻撃の矛先《ほこさき》は鈍ります。

逆風のなかでまとめられた国家公務員法改正案は、完璧とは言えないまでも、「絶対に無理だ」と言われていた改革案も盛り込まれた画期的なものでした。

総理が直接任免して自分の手足のように動かせる「国家戦略スタッフ」の創設は、本当の政治主導を実現し、官僚による官邸支配を打破することを目指したものでした。歴代総理が、財務省が支配する官邸の官僚たちにからめ取られていったのも、信頼できる有能なスタッフを自らかかえていなかったことに原因があるのです。また、省庁をまたいで柔軟に適材適所の人材配置を行えるよう、人事に関する機能をすべて内閣に集めることも盛り込まれていました。人事院や総務省など人事に関する権限を持つ組織は、その権限をちらつかせて各省庁から天下り先の提供を受けているという背景もあり、人事権を奪い取ることになる改正案にはすさまじい抵抗があったものです。ほかにも、幹部の公募採用推進のために各省庁に数値目標を設置すること、若手の幹部候補を内閣主導で育成すること、外部人材の登用、各ポストごとに職務内容や目標などを詳細に定める制度を導入することなど、改正案は多くの項目において当初目指した方向にまとまったと言っていいと思います。

２００９年3月、国家公務員法改正案は麻生内閣によって国会に提出されました。

不正義を見ると、いてもたってもいられなくなる

せっかくまとめた画期的な改正案でしたが、残念ながら、政局の波にのまれて廃案に

なってしまいます。当時は自民党から民主党へ政権が代わろうかというタイミングで、総選挙を控えていた民主党は「いま改正案を成立させても自民党の手柄になるだけ。国民には、民主党が公務員制度改革に取り組めばもっと先進的な改革ができると訴えたほうが得策だ」と考えて、廃棄にする選択をしたようです。

しかし、私は廃案になったことを前向きにとらえていました。公務員制度改革に意欲的な民主党が与党になれば、改革のスピードを上げられるのではないかという期待があったからです。

ところが、いざ政権交代が起きて２００９年9月に新政権が誕生すると、民主党は私の期待に反して公務員制度改革の流れを逆行させ始めました。新たに就任した仙谷由人行政刷新担当大臣は、当初、私に補佐官就任を要請していましたが、霞が関の圧力に負けた結果実現せず、それどころか、公務員制度改革推進本部事務局の幹部を全員更迭することを決定。２００９年12月、私は経産省に戻され、大臣官房付となったのでした。

「大臣官房付」というのは、前にも書いたとおり、次のポストへの異動待ちの人が就くポストで、特別な仕事はありません。仕事がない状態になったからといって、私は公務員制度改革をあきらめたわけではありませんでした。2010年3月には、政府内で行われた政策グランプリに公務員制度改革についての案をまとめた論文を提出しています。政策グランプリは、枝野行政刷新担当大臣と仙谷国家戦略担当大臣（いずれも当時）が言い出し、省庁の枠を超えて広くアイデアを募り、よい政策があれば採用するという前提で行われたものです。しかし、私が出した論文に対する反応はありませんでした。

そうこうしているうちに出てきたのが、国家公務員の「退職管理基本方針」です。2010年6月に発表された総務省による案には、仕事はないけれど給料は高い「専門スタッフ職」という新ポストを作ることや、現役官僚の各種団体や民間企業への出向や派遣を拡大すること（いわゆる「現役出向」）などが盛り込まれていました。一言で言えば、天下りあっせん禁止の抜け道を作り、官僚の処遇ポストを確保することが狙いです。後に長妻昭厚生労働大臣は、この動きに抵抗して、厚労省だけこれを認めないとしたことで、官僚のクーデターにあい、更迭の憂き目を見るのですが、官僚にとっては、それほど重要な骨抜き工作だったのです。

このように、退職管理基本方針は民主党が掲げていた「脱官僚、天下り根絶」とはまったく逆を行くもので、そのとんでもない内容を知った私は驚愕しました。担当は原口一博総務相（当時）でしたが、私には原口大臣が守旧派官僚に丸め込まれたとしか思えず、「これは国民に対する犯罪ではないか」とすら思いました。

「なんとか阻止しなくては」——いてもたってもいられない気持ちに駆り立てられた私は、数時間で民主党政権の政策を批判する論文を書き上げ、このとんでもない動きについて国民に広く知ってもらうため、「週刊エコノミスト」に実名で論文を寄稿しました。守旧派官僚たちは国民が気づかないところでこっそり自分たちに都合のよいようにやればいいともくろんでいるわけですから、それを止めるには「こんなにひどいことが起きようとしている」と国民に知らせて世論を盛り上げればいいと考えたのです。

こうして、２０１０年6月29日特大号の「週刊エコノミスト」に「現役経産官僚が斬る『公務員改革』消費税大増税の前にリストラを」というタイトルで私の論文が掲載されたのでした。その後、同年の10月２日号の「週刊東洋経済」にも「国民の期待を裏切る天下り規制の骨抜き」という論文が掲載されました。

退職管理基本方針は、私の論文が載った「週刊エコノミスト」が発売になった次の日に閣議決定されてしまい、残念ながらこれを止めることはできませんでした。しかし、成果がなかったわけではありません。

この基本方針の目玉の一つである〝高給窓際ポスト〟の専門スタッフ職を置くには、給料を決めなくてはなりませんから、どうしても給与法の改正が必要になります。しかし問題が明るみに出た以上、法改正となれば国会で議論になるのは必至。蓮舫行政刷新担当大臣（当時）が状況を読んで野党の追及を回避しようとしたのでしょう、給与法の改正案に、専門スタッフ職の給与規定が盛り込まれることはありませんでした。

私が論文を発表した当時、退職管理基本方針の問題点には誰も気づいていませんでした。「週刊エコノミスト」や「週刊東洋経済」での告発がなければ、国民に何も知られないままますべては守旧派官僚の意のままになっていたのではないかと思います。

私のなかには、「メディアを通じて国民にもっと問題点を伝えていかなくては」と焦る気持ちが芽生えていました。しかし、このようにメディアを使って表立った指摘をしたことによって、経産省内での私への風当たりはどんどん強くなっていきました。

陰湿ないじめには機転で逆襲

「週刊エコノミスト」に論文が載った直後、私は次官に呼ばれて民間企業への派遣を打診されました。受ければ定年まで生活は安泰で、定年後も派遣先企業に再就職できて、しかもずっと年収1500万円以上が保証されるという一般庶民から見れば夢のような話です。

この派遣は、私が反対してきた退職管理基本方針に基づく「現役出向」そのものでした。もし受ければ、私は公務員制度改革について発言できなくなりますし、何よりも、自分が「不正義」だと考えた仕組みに、自らが加担することになるのです。経産省が私に踏み絵を差し出したものと言っていいでしょう。もちろん、その場で迷いなく断りました。

9月に「週刊東洋経済」の記事が出ると、発売日の翌日に官房長に呼び出され、今度は地方への長期出張を命じられました。北は北海道から南は九州まで、行程は6000

キロ超。出張の目的は地方の中小企業の実態調査とされていましたが、同様の調査は全国各地にある経済産業局が大規模に実施しており、私がたった一人で企業を回ることに意味があるとは思えませんでした。この出張は後に「大人の陰湿ないじめ」と非難されることになるのですが、おそらく、私がマスコミを通して発言し続けていたことが経産省幹部の怒りを買い、私を東京から引き離してメディアとの接触を断たせようとしたのでしょう。

しかし、急な出張を理由に私がいくつかのアポイントをキャンセルしたことでこの奇妙な出張がマスコミに知れることになりました。私はマスコミの取材に積極的に応じ、「涙の六千キロ」ということでテレビ朝日の「サンデー・フロントライン」にも報道されることになったのです。当然、そのことに関心を持つ人々が永田町にも出てきました。

そして長期出張の最終日、私は突然、帰京を命じられました。みんなの党の小野次郎議員から、参議院予算委員会への出席を求められたためです。

質問に立った小野さんは「天下り根絶というスローガンが骨抜きになっている」と言

い、私の考えを述べるように促しました。そこで私は、いつも考え続けていたことを正直にお話ししました。天下りの本質的な問題点、退職管理基本方針によって天下り根絶とは逆行する政策が実施されていること……。真剣に頷《うなず》きながら聞いてくださっているたくさんの議員の方々の様子に、私は「ちゃんと理解してくれる人もいるんだ」と心強く思ったものです。

しかし私への質問が終わってほっとしたのもつかの間、小野さんの別の質問に対して答弁に立った仙谷由人官房長官（当時）が、急に耳を疑うようなことを言い始めたのです。

「古賀さんの上司として、一言先ほどのお話に私から話をさせていただきます。私は小野議員が今回、古賀さんを現時点での彼の職務、彼の行っている行政と関係のないこういう場に呼び出す、こういうやり方ははなはだ彼の将来を傷つけると思います。優秀な人であるだけに、大変残念に思います」

批判の言葉は直接的には小野さんに向けられていましたが、その内容から、発言の意図は私を脅すことにあると考えざるを得ませんでした。ほかにも同じように感じた人が多かったようで、議場は「恫喝だ！」という野次が飛び、騒然となりました。

信念をつらぬくことで心の平穏が得られる

大臣官房付となってからはやりたいことがなかなかできないうえ、省内の風当たりも非常に強く、「嫌だなぁ」「面倒くさいな」と思うことが少なくありませんでした。いじめのようなことをされてうれしいはずはありませんし、仙谷長官から恫喝を受けたときはさすがに「これからどんな目にあうんだろう」と不安を覚え、背筋が寒くなるような思いもしました。

ほんの一瞬ではありますが、心が折れそうになったこともないわけではありません。「なんだか大変なことになったな」と思う一方、何よりも「自分は正しい道を選んでいる」と心から思っていたので、逆に気持ちは楽でした。守旧派の官僚たちのように、自分たちの利益を守ることがさも正しいかのようにふるまえば、理屈のどこかに無理が生じます。「本当は間違っている」とわかっていることを頑張ってやったり、心にもないことを口にするのは、苦痛をともなうものだと思うのです。私は自分の心に正直に、

「誰がどう考えたって、こっちのほうが正しいよな」と思えるところで勝負していますから、ある意味では「楽な仕事しかしていない」とも言えるでしょう。「信念をつらぬくのは大変でしょう」とよく言われますが、実は、私の場合は、信念を曲げて生きることのストレスのほうがはるかに大きく、信念をつらぬくことによってこそ、「心の平穏」が得られるというのが本当のところだったのです。

外を見れば味方ばかり

もう一つ、私にとって大事なことがあります。それは、正しいことを続けていれば、応援してくれる人は必ず現れるということです。組織のなかではつまはじきにされた私ですが、経産省の外に出かけて行けば、「古賀さん、頑張ってくださいね」「応援していますす」と言ってくださる方がたくさんいて、とても心強く感じていました。一方、改革に抵抗する官僚たちの周りを見ると、応援している人がまったくいなかったのです。

大臣官房付になって2年近く経った2011年9月、私は辞表を提出しました。コロコロ代わる歴代の経産大臣に「仕事を与えてほしい」と言い続けたものの、事態が動く様子はまったくなく、「これ以上経産省に居続けても何もできない」と考えざるを得なくなったからです。それなら無駄な時間を費やすのをやめ、経産省を出て、自分が力を尽くせる方法を模索しようと思いました。

しかし、私は提出した辞表を一度撤回します。

野田政権の誕生で枝野さんが経産大臣に就任した際、官房長から「枝野大臣が辞める手続きを進めてくれと言っている」と聞いて辞表を提出したものの、その後、枝野さんは「自分が直接対応すべき人事ではなく、事務次官以下に任せる」とコメントをしました。私は、日頃から、幹部官僚の人事は、大臣が自ら判断すべきだと考えていました。私のように次官と対立しているケースではなおさらです。「事務次官（官僚）が大臣の名前を利用して気に入らない部下を首切りできる」という前例を作ることになれば、後に続く改革派官僚が出てこなくなってしまうかもしれません。ここはしっかり枝野さんの判断を聞かなくては辞められないと思い、辞表を撤回したわけです。

私の辞表撤回を受け、枝野さんは記者会見で「歴代の大臣の判断（私には仕事を与え私ない）を引き継ぎ、それを了とする」「手続きは事務方に任せた」と発言しました。私を自分の意思で辞めさせることをなんとしても避けようとする言葉の選び方には、「世論の非難を浴びたくない」という意図が見え隠れしていたように思います。

しかし、枝野さんが私に仕事を与えるつもりがまったくないこと、私の退職を認めていることは、コメントから明らかでした。ここまでくれば、私にできることはもう残されていませんでした。

再び辞表を提出し、２０１１年9月26日、私は31年間勤めた経産省を退職しました。

いずれ辞めざるを得ないだろうと覚悟はできていたので、退職するからといって悲愴《ひそう》感《かん》はありませんでした。本当に辞めることになったときは、多くの方が真剣に心配してくださったので、ちょっと困ってしまったくらいです。自分は正しいことをやっていたんだ、それをみんなが応援してくれていたんだということを改めて強く感じたのです。

退職する時点で、私は自分が何をやるのか決めていませんでした。「これからどうするんですか？」と聞かれて「まだ決まってないんですよ」と答えると、「あぁ、まだ言えないんですね」などと返されたものですが、本当に何も決まっていなかったのです。大阪府知事選への出馬の打診を受けたこともあり、私が政治家になると思った方も多かったようですが、そのつもりはまったくありませんでした。いまも、政治家になろうとは思っていません。

お金のために心を売れば、屈辱と不安が残る

2011年11月、大阪では府知事選と市長選のダブル選挙が行われ、橋下徹さんが率いる大阪維新の会が圧勝。私は、大阪市長に就任した橋下さんから、大阪府と大阪市による「大阪府市統合本部」の特別顧問就任の要請を受け、これをお引き受けしました。リーダーシップのある人のもとに強力なスタッフが集まり、政治主導で政策を実現していくというのは、私が国家戦略スタッフ創設を目指したときに描いていた絵と同じでした。ですから、大阪を変え、そこから日本を変えていけるのではないかと可能性を感じたのです。

顧問という立場は、公務員だった頃より自由に動けるメリットがあり、その点はおも

しろいと感じています。常識だと言われていることをすべて疑い、白紙に絵を描くようにゼロから物事を考えられるのです。

たとえば、私は大阪府市エネルギー戦略会議の委員も務めており、これは最近までの私の中心的な活動の一つになっていました。エネルギー戦略会議は一言で言えば、大阪府と市のために全国的視野に立ったうえで大阪、そして関西の新しいエネルギー戦略を作るために設けられたものです。政府が原発を推進するなか、エネルギー戦略会議は対抗勢力として国政に影響を与える存在になっており、「原発がなくても電気は足りるのではないか」といった従来なら考えられないような意見もどんどん出すことができます。

公務員とは異なる自由な立場になって、初めて見えた風景もあります。

私がエネルギー戦略会議の委員に就任することが決まると、すぐに関西電力の方から「ぜひ会いたい」という連絡がありました。断る理由はないので、のこのこ出かけていき、そこで1時間か2時間ほど原発について議論を交わしたところ、帰り際に相手の方が「古賀さん、会社は作らないんですか？」と言い出しました。私が「事務所があったほうがいいかなと思っているんですけれど、会社は作っていないんです」と答えると、彼はにこやかに「会社、作ったらどうですか？　いま古賀さんが会社を作れば、いくらでもお金が出ますよ」と言うのです。

なるほどなぁ、と思いました。私が官僚なら、これは賄賂として犯罪になるか、少なくとも国家公務員倫理法違反になります。しかし、いまの私は民間人です。ただ自治体の顧問になっただけでは、たとえば「原発についてちょっと原稿を書いてください、原発推進の内容なら100万円払いますよ」と言われ、それを受けたとしても、罪に問われることはないのです。

ここまであからさまな依頼でなくても、たとえば原発に関する原稿を書いた研究者が、電力会社から「こういう書き方は困ります」などと手心を加えるよう誘導され、原稿料としてはかなり割のよい対価を受け取るようなことはいくらでもありそうです。過去には、悪事を働くというような意識がないまま、少しずつ電力会社に取り込まれていった人も多かったのかもしれません。

おそらく、先方は、私が就職先もなく、生活に不安を感じているだろうから、ここである程度の大金を見せれば、なびいてくるのではないかと思ったのでしょう。私の当時の状況は、まさに、これからどうやって収入を得ようかなあと考えていた頃なので、いい読みだったと言えます。

しかし、「いくらでもお金が出ます」という言葉に、「一体どれくらい出るものなんだろう。普通の会社なら数百万円とか数千万円かもしれないけれど、電力会社だったら10億円なんて想像を超えるお金が出たりするのかなあ」と好奇心は湧きましたが、電力会社からお金をもらうなどということは私にとってあり得ない話です。

こんなところで、お金で心を売ったということになれば、自分自身を否定するのと同じで、永遠に屈辱感が残るでしょうし、その先はいつ電力会社に切られてしまうかわからないという不安を感じながら生きていくことになるのですから。

常に根本にさかのぼって考える

今後の活動で力を入れていきたいテーマはいくつかありますが、そのうちの一つが脱原発です。

原発についてはさまざまな見解があり、私を大阪府市統合本部に招いた橋下徹さんと私の間にも意見の相違があります。私の理解では、橋下さんはいまのところ「脱原発の道筋を具体的に明らかにしない限り、原発ゼロの政策は採れない」という考えです。

しかし、具体的道筋を描く前であっても、私は哲学の問題として、はっきりと「原発はなくすべきだ」と思っています。

原発は、安全対策を熱心にやらなければ、電力会社のみならず、消費者である私たちも費用をかけずに電力を使いたいだけ使えるという「利益」を得られます。しかし、2つの見過ごせない倫理的な問題があるのです。

一つは、利益を享受している人たち（私たち自身を含みます）が、事故が起きた場合のリスクを他人に押し付けていることです。ひとたび原発事故が起きれば、風向きや海流しだいで被害が多方面に及ぶおそれがあるのに、その犠牲に目をつむって、自分たちだけが目前の利益を得るというのは倫理的に許されないことだと思います。

もう一つは、「核のゴミ」の問題です。国内にある使用ずみ核燃料を保管するプールはあと数年ですべて埋まってしまいますが、その先はどう対処するのか、見通しは立っていません。しかも、「核のゴミ」の問題は明らかに将来世代へのつけ回しなのです。

いま自分たちが利便性を享受するために、子ども、孫、さらにその先の世代にリスクと経済的負担を押し付けていくわけですから、これは倫理的には明らかに悪でしょう。

消費税増税については、「これ以上、国の借金を増やして将来世代につけを回すわけにはいかない」と言う政治家たちが、「核のゴミ」については将来世代の負担を問題視しないというのはおかしいと思います。

原発を倫理の問題として扱い、哲学としてやめるべきだという判断をくだしたのがドイツです。ドイツでは有識者を集めて倫理委員会を開き、原発の是非が議論されたのですが、倫理委員会のメンバーに原子力の専門家は含まれていませんでした。そしてドイツは、「原発が倫理的に悪であり、一方で再生可能エネルギーで道が拓《ひら》ける可能性があるのであれば、それにかけるしかない」という判断をくだしたのです。

倫理的に悪いことは、やめるべきです。私は、これが唯一の正しい答えだと思っています。

日本では大きな議論をするとき、原理・原則や理念の話をすると、「机上の空論」とか「もっと現場を見て議論しろ」と言って、すぐに技術論やコスト論の話になってしまう傾向があります。その結果、現状を変えることの技術的・コスト的困難さばかり強調されて、結局大きな変革ができなくなるのです。原発の議論は、その典型だと思います。「原発を止めろ」と意見を言うと「過激だ」「原理主義者だ」などと批判されることがあるのですが、原理・原則すら示せない原発推進主義者よりずっといいのではないでしょうか。

もっとも、「悪なのだから、すぐにすべて止めるべきだ」とは言い切れない面もあります。もし原発を止めることで社会が混乱し、生活に困る人が大量に生まれるというような事態が本当に生じるとしたら――そう考えた場合、「必要悪」として、当面はぎりぎり認めざるを得ないラインというものがあるのかもしれません。

しかし、その場合でも、「原発が倫理的に悪」であれば、「必要悪」はなるべく小さい範囲で認め、しかも、なるべく早くなくすべきだということになります。いずれにしても、原発ゼロを目指さないという選択肢はないのです。

大きなテーマについて議論するとき、私は、いつも根本――基本哲学――にさかのぼって考えることが重要だと思っています。

「電力が足りない」「原発は安い」の嘘には論理と粘り強さで対抗する

エネルギー戦略会議では、原発を止めても電力不足になることはほとんどないということを明らかにしています。実際、2012年の夏はかなり気温が高く、2010年の猛暑時より暑い時期さえありましたが、電力需要は2010年をかなり下回ったのです。これは節電の成果ですが、もともと使いすぎていた電力をカットするだけでも、非常に大きな効果があることが示されたと言えるでしょう。

たとえば、業務用では関東最大の電力需要者である東京大学では、電力使用状況を「見える化」し、使用量が上がってきたときに注意喚起するといった対策を行いました。その結果、3・11後の2011年夏に大学の研究などに悪影響を及ぼすことなく、約3割の節電に成功したのです。

原発推進派は「原発を動かさないと電力が足りない」と言いますが、その論拠には首をかしげざるを得ません。たとえば、2012年の夏を迎える前には「西日本の電力需要がピークになると、いまの供給力では不足する」とするデータが示されました。しかし、この電力需要のピークというのは、電力会社別に2010年の猛暑時の電力需要の最大値を出して足し合わせたものだったのです。

実際には地域によって天候や電力使用の状況などが異なり、電力会社ごとに電力需要のピークをつけるタイミングは異なりますから、このような計算方法で電力需要を計算すれば、実際より過大に見積もることになります。「電力が足りない」と言って国民を脅すために、意図的にこうした数字を出しているのではないかと勘ぐりたくもなるというものです。電力会社も経産省も「電力不足」を毎回声高に叫び続け、マスコミはこれを無批判に流し続けました。嘘でも100回唱えれば、本当のように聞こえてくるものです。

結局日本では、「実際に停電が起きてしまったら取り返しがつかない」という恐怖感が煽《あお》られ、国民の多くがその呪縛《じゅばく》から逃れられなくなっていました。実際には原発が止まっていても、電力は十分に足りていたのです。

もう一つ、原発推進派が声高に言うのは「原発をなくせば電気料金が上がり、企業や消費者の負担が増す」ということです。これも電力不足とまったく同じ構図で、ほとんどのマスコミが当然のこととして報道しています。しかし、この見方は「原発は発電コ

スト が安い」という前提に立っています。日本の原発の安全基準は世界標準とかけ離れており、アメリカ並みの基準にすれば、おそらく日本の原発はほとんどが動かせなくなるでしょう。

敦賀《つるが》原発では原子炉建屋の下に活断層があることが判明し、青森県の東通《ひがしどおり》原発でも敷地内に活断層が見つかりました。現在の安全基準のままでも、すでに敦賀は廃炉が確実、東通も当分動かすことはできません。これから地震・津波対策、活断層の調査などもゼロから基準を見直し、万全な安全対策を行うのであれば、かなりの追加投資を余儀なくされ、動かせなくなる原発が続出するのは明らかなのです。

もっとも原発推進派は、常に「原発は低コストで動かせる」ということを前提としています。再稼働した大飯《おおい》原発については、敷地の下に活断層があることが疑われており、再調査が行われていますが、政府の新たな原子力規制組織である原子力規制委員会の委員長は、委員長になる前の国会での質問に対して、「活断層があれば原発を止める」と発言しました。これは考えてみればおかしな話で、まず大飯原発を止め、安全を確認する必要があるはずなのです。そもそも「活断層があるという可能性を排除できないのであれば、原発は動かせない」とすぐに判断すべきなのに、「活断層があれば原発を止める」、つまり「活断層があるという証拠が出てこなければ止めない」と最初から言っていたわけですから、安全性がないがしろにされていると考えざるを得ません。

日本では安全対策がまじめに行われないまま、「原発は安い」ということになっていますが、これは世界の常識からは外れています。原子力発電ビジネスの主力プレーヤーである米ゼネラル・エレクトリック（GE）最高経営責任者のジェフ・イメルト氏は、フィナンシャル・タイムズ紙のインタビューにおいて、「原発を経済的に正当化するのは非常に難しい」と言ったそうです。これはつまり、「原発は高い」という意味です。

実は、それを簡単に証明する方法があります。原発を動かす場合、事故が起きたときの損害をすべて補てんする損害保険をかけることを、電力会社に義務付けることです。それだけで原発のコストは、いまの何十倍から何百倍になると考えられます。

原発をゼロにすべきだと言うと、「現実を見ていない空理空論だ」などと言われることがありますが、現実にいまの日本では原発がほとんど動いていません。安全性をしっかり確認するとなれば調査に時間を要しますし、安全対策にも費用がかかり、事故に備える保険はもっとコストがかかるのですから、スムーズに再稼働できると言うほうが空理空論です。私は、原発が動かせないという前提に立って今後の方策を考えるほうが、ずっと現実的だと思っています。

国民はよく考えて「脱原発」と判断した

政府や電力会社の人たちは、「国民は一時的な感情で『脱原発』と言っているだけだ」と言います。今回の衆議院選挙で、原発推進派の自民党が勝利したのも、その証拠だなどとますます勢いづいています。そして、彼らの前提には、一般市民をバカにする〝上から目線〟があるのを強く感じます。しかし私は、国民の「脱原発」の意識は、決していい加減なものだとは思いません。

多くの人々は、さまざまな情報を自ら集めて勉強し、判断しています。いま、国民の声は明らかに「脱原発」なのです。

私はツイッターでたまにぽつぽつとつぶやいているのですが、原発に関するツイートは反響が明らかに大きいと感じます。ネット上では、市民の間で無数の情報交換・意見表明が行われています。また、官邸前で行われている脱原発デモには私も足を運べるときに参加しており、これまでデモなどとは縁がなかったであろう普通の人たちが、やむにやまれず駆けつけていることも実感できます。私に気づき、「頑張ってください」と声をかけてくださる方も少なくありません。

さらに、みなさんの熱意を感じる出来事もありました。

きっかけは、2012年9月、エネルギー戦略会議が「会議自体が違法である可能性が高い」という理由で突然中止に追い込まれたことです。なんと、大阪府が「エネルギー戦略会議は地方自治法でいうところの付属機関にあたる可能性があり、付属機関は条例を根拠にしなければ設置できない。エネルギー戦略会議は条例に根拠なく開催されている」と言い出したのです。

法令の解釈にも問題がありますが、それ以上に、この中止劇にはいくつもおかしな点がありました。まず、委員になんの連絡もなく、大阪府が一方的に中止を決めてしまったことです。また、大阪府の担当者が最初は「この会議は違法だ」と言っていたのに、途中で「違法だと言われる可能性が高い」となり、「違法ではないが念のため条例で設置することにした」と説明がどんどん変わっていきました。おそらく、十分な検討がなされないまま中止を強行したのでしょう。

エネルギー戦略会議はすでに20回も開催されており、この間、大飯原発再稼働の8条件や大飯原発再稼働反対緊急声明を出したり、政府と関西電力のエネルギー需給見通しの誤りを指摘したりと、大きな成果を出してきました。

ところが、大阪府はその陰で、エネルギー戦略会議の違法性について2012年5月から検討していたのだと言います。違法であるという懸念があったなら、すみやかに委員に相談すべきですし、仮に条例を設置するにしても、突然の中止に追い込むのではなく、もっと被害が小さくなるやり方を考えることもできたのではないでしょうか。

いずれにしても、エネルギー戦略会議は2012年の12月まで開催できませんでした。日本においてほぼ唯一と言ってもよい、政府に影響を与えることのできる、脱原発を真剣に考える公的な機関が、一時的になくなってしまったわけです。

しかし、エネルギー戦略会議の委員の間で、「ここでやめれば原発推進の流れが決定的になってしまう」という危機感が生まれ、「手弁当でも続けよう」という声が強くなりました。自主開催の場合、委員には大阪府市からの謝金は出ませんし、東京から出席する委員の交通費も自腹になりますが、「それでもやろう」ということになったのです。

大阪府市には「開催するにしても会議場は貸せないし、資料の印刷なども一切手伝えない」と言われてしまい、会場費や資料のコピー代をどうするかという問題が発生しました。そこで傍聴する市民のみなさんに一人500円の会場・資料費をご負担いただくことにしたところ、中止決定から自主開催の会議までわずか3日しか時間がなかったにもかかわらず、一部マスコミの報道や私のツイートなどを見てくださった方からの申し込みが殺到したのです。一般市民席60席はあっという間に完売となり、うれしいことに、ツイッター経由で「出席はできないけれどカンパしたい」というお申し出もいただきました。

自主開催の初回エネルギー戦略会議は、小さな劇場を借りて行いました。それまで会議場ではコの字型に机を並べていたのですが、劇場ではステージの上に委員が横に並んで客席と向かい合う形になったので、まるでトークショーのような雰囲気。自主開催の経緯のほか、原発ゼロシナリオの議論など内容は盛りだくさんで、予定の2時間はあっという間に過ぎていきました。途中、会場からは笑いや拍手も起き、府市で行う会議とは違う一体感があるものになったと思います。中止に追い込まれたことは残念でしたが、怪我の功名で、参加してくださったみなさんの姿に改めて大きなやりがいを感じることができました。

大飯原発が再稼働したとき、私はツイッターで「大飯再起動。止まりませんでした。でも、あきらめてはいけません。政治家も官僚も『国民は忘れっぽいから、いまは感情的になって騒いでいるが、無視していれば、そのうち醒めてしまう』と思っています。私たちはそんなに愚かじゃないことを知らせましょう。総選挙までずっと、反対の意思を表明し続けましょう」とつぶやいたのですが、このツイートは3000件以上もリツイートされました。そして、デモは選挙が終わったいまも続いているのです。野田首相がデモの勢いを無視できなくなって脱原発デモの代表者と面会したように、国民が行動し、声を上げ続けることが、国を動かす力になるのです。

批判と孤立をおそれず、あえて厳しいことを言う

私は、エネルギー戦略会議などの場では、かなり厳しい口調になることも少なくありません。エネルギー戦略会議が突然中止に追い込まれた際も、大阪府を厳しく追及しました。

厳しい言葉を連ねるのは、気持ちのいいことではありません。相手も嫌でしょうが、私自身もとても気分が悪くなります。ていねいな言葉で、婉曲《えんきょく》な言い方をしたほうが、知的で見た印象もよくなることはもちろん百も承知です。特に、相手方が立場上の意見を述べているにすぎない場合には、その人に悪いなぁと思うこともしばしばです。しかし、ものわかりのよい態度で紳士的にふるまっていると、多くの場合、私たちの意見は組織のなかでも広がらず、ましてや報道などまったくなされないままとなります。そして結局は、社会的に存在すら知られないまま終わってしまうものなのです。もっとはっきり言えば、状況を大きく変えていくためには、ダメなものはダメだと明確にして、あえて闘う意思を見せることが必要なのです。

闘う意思を持つということは、相手とけんかをするようなものですから、エネルギーが必要です。私はもともと好戦的なタイプではありませんし、人に嫌われるのはうれしりますす。

いものではありません。誰かと闘わなければならない場面では、気が重くなることもあります。

テレビなどでコメントをする際も、時には思い切りが必要です。私に出演依頼がくるのは、もちろん私の知見に期待している場合もありますが、ほかの人がオブラートに包んでしまう話題も、歯に衣着せずはっきり意見を言うからおもしろい、もっと言えば、「古賀にこの一言を言ってほしい」という思惑による場合もあるのです。ある意味では、私がテレビに便利に使われているという見方もできるでしょう。

厳しい発言をすれば叩かれることもありますし、編集でコメントの一部だけが切り取られてしまい、意図が正しく伝わらずに批判を受けることも少なくありません。私はこうしたことも十分理解したうえで、リスクをとって発言しているのです。

放送後、周囲の人から「あんなふうに編集されたら誤解を招くから、ちゃんと抗議したほうがいいですよ」とアドバイスされることもありますが、番組制作者に悪意がない限り、苦情を言うこともありません。視聴者の興味をひくために、制作者が少々行きすぎた編集をするのは避け難いこととして受け止めています。いちいち目くじらをたてれば、制作者だけでなく自分も萎縮させることになり、強いメッセージを発信することはできません。

私の発言に反発し、批判する人も少なくありません。時には、「このままだと人が離れていって、いつか独りぼっちになるかもなぁ」と暗い気持ちになることさえあります。

しかし、リスクを負って発言するからこそ、私は官僚をはじめとした、強大な既得権層に勝っていける可能性があると思っています。官僚というのはリスクを排除するために言葉を選び抜くことに長けていますが、半面、自分が矢面に立って闘うことを嫌います。私が『日本中枢の崩壊』を書き、メディアで官僚批判をしたときも、表立って反論する人はいませんでした。

批判にさらされ、バッシングを受けるというのは、誰しも耐え難いものだと思います。自分の保身を考えるなら、これほど割に合わない話もないかもしれません。

しかし、日本をよい方向に変えていくために、リスクを受け止める勇気を持ち続け、これからも言うべきことははっきりと言っていきたいと思っています。

橋下徹と決別というのは嘘

まえがきにも書きましたが、私は大阪府市統合本部の特別顧問で、エネルギー戦略会議の委員なのに、橋下さんと「決別した」などと報道されました。事の真相は、決別でも敵対でもないことはそこに書いたとおりです。

大きな改革を進めていくためには、たとえ期待する人に対しても、正しいと思ったことを言う。政策実現のために、常に真剣勝負しているというだけのことです。

そんな経緯もあり、「橋下さんてどんな人ですか?」といろいろな人から聞かれるようになりました。

多くの人が橋下さんに対して持っているイメージは、ほとんどがテレビの映像を通じたものだと言ってもいいでしょう。それも、記者会見などのごく一部を切り取って映し出されたものです。

新聞記事を書く記者のうち、大阪にいて、毎日のように橋下さんのぶら下がり会見で話を聞いている人もいますが、東京にいる記者は、大阪から回ってくるメモをおそらく全部は読まずに、断片的な情報だけをもとに記事を書いている人が大半です。東京発の記事を見ていると、永田町中心の見方になっているものがとても多い気がします。

もし、本当に橋下さんに関心がある方は、橋下さんが行っている定例の記者会見の模様をネットで検索して、全体を見てみるということをお勧めします。橋下さんは、記者の質問に非常に丁寧に最後まで答えるので、会見が2時間に及ぶなどということもよくあるようです。ですから、テレビで報道されるのは全体で見れば何百分の一、あるいはそれ以下と言ってもよいでしょう。長いので全部見るのはちょっと大変ですが、なるべく一回の会見全体を見ていただけば、橋下さんが何を考えているかがよくわかるようになると思います。

私に「橋下さんはどんな人？」と聞かれても、私にできるのはせいぜい、「橋下さんについての2012年12月時点での私の個人的な印象」をお話しするということくらいですが、いろいろな方の橋下さんに関する評価と併《あわ》せて聞いていただけば、あまり正確とは言えないマスコミの報道を補完する意味でも多少なりともみなさんの参考になるかなと思うので、少しだけ書いてみることにします。

橋下徹は本当に独裁者なのか

橋下さんは、一般には、激しい人、攻撃的な人、元気な人、というイメージが強いのではないかと思います。リーダーシップがある、行動力・実行力がある、スピード感がある、思い切った改革を進めてくれそうだ、というプラスのイメージが橋下人気につながっていますが、人によっては、独善的だ、無礼だ、人気取りだ、そして「独裁者だ」などというマイナスイメージを持つ人もいます。

そして、太陽の党との合流以来、ぶれるというイメージを持つ人も増えたのではないでしょうか。テレビやツイッターを見ている一般の人が、そういう感じを受けてしまうのはしかたないなと思ったりもします。

ただ、報道だけを見ているときでも、いま挙げた悪い印象のうち、「人気取り」という印象を受けたことはありません。橋下さんが言っていることは、多くの場合、国民にとって非常に厳しいメッセージを含んでいることが多いからです。個人の自立とか、みんなが切磋琢磨《せっさたくま》する社会ということを繰り返し言っていますが、「弱者切り捨て」だという批判も多いです。こういう批判を受けそうなことを、特に選挙期間中に言っていたのは、政党の代表（代行）では橋下さんとみんなの党の渡辺さんだけだと思います。

そういう意味で、決してポピュリストではないと言うべきだと思います。結果的に、大衆に人気があるからポピュリストだとマスコミが言っているような気がしてなりません。バラマキ政策を声高に唱える自民党をはじめとした他の党の議員のほうが、ポピュリストだと言えるのではないのでしょうか。

橋下徹との出会いで知った意外な素顔

私が橋下さんに初めて会ったのは２０１１年秋の大阪ダブル選挙前のことです。そのときの第一印象は、とても礼儀正しく、人の話を素直に聞ける人だなあ、ということでした。その印象はいまでもまったく変わっていません。

２０１２年12月の総選挙後のエネルギー戦略会議の際に30分ほど話をしました。脱原発について話し合いをしましたが、私の意見を大変よく聞いてくれて、率直な意見交換ができました。むしろ人の話をよく聞ける人だと言っても間違っていないと思います。

「独裁者だ」だという批判は、実際とはかなり違ったものだと思います。

橋下さんは、議論をしていると、すべて論理で割り切ろうとします。ですから、私としては非常に話しやすいのですが、逆に、論理的に自分が正しいと考えると、記者会見などで、それを必要以上に強く主張するところがあるようです。

特に、反対論を述べている個人の実名を挙げて攻撃するやり方は、従来の日本型の議論のやり方ではないので、行きすぎだという感じを持たれる方もいるようです。私も「馬鹿呼ばわり」するやり方などは、あまりよい印象を与えないなと思います。

一方、橋下さんは、自分が論理的に弱いと思うと、意外にあっさりと考えを変えることがあります。内部の議論では、自分と異なる考え方には特に慎重に耳を傾けて、そちらの考えを採用することもあります。

脱原発の議論でも、私はゼロを目指すべきだとずっと前から思っていますが、橋下さんは私の観察では、完全に脱原発と言ったことは一度もありません。マスコミは、脱原発だと言ったとか、後退したとかいろいろ書いていますが、注意深く聞いていると、いかなる発言をするときでも常に留保が付けられていて、私はいつも、「ああ、まだ脱原発に舵を切れないいんだなあ」ともどかしく感じていました。

橋下さんは弁護士だということもあって、言葉の使い方が非常にうまいです。だから、実は脱原発という印象を与えているときでも、必ず、そうでないということを同時に言っているのですが、マスコミはそれを正確に報道していません。ただ、そういうことをあえて放置しているのかなと思うときもあります。

その結果が選挙のときに、脱原発で後退した、という批判を受けた一つの要因になってしまったということでしょう。

論理で押し通すなら、マスコミが誤解して自分を礼賛したときにも、それを訂正するという態度を取るべきだったのかもしれません。

橋下徹は根っからのリスクテイカー

橋下さんは自信過剰という見方があります。確かにそう見えることもあります。とりわけ、2012年の秋に政策協議をしていたみんなの党に、「解党して維新の会に合流しろ」と迫ったときは、自分の人気に少し驕《おご》っていたというように見えました。

ただ私は、橋下さんが自分の人気については、結構慎重な人だという見方をしています。いつ会っても、「これから維新の人気は落ちるはずだから、それを念頭においてどうするか」という話をしていました。周りの人が、いけいけどんどんの雰囲気になっているときも、橋下さんはいつも慎重でした。

一方で、橋下さんはリスクをとれる人だと思います。それは、私が受けている印象のなかでの最大の長所だと思っています。大阪市長選ではすべての政党だけでなく、経済界と労働組合両方を敵に回して闘いました。こんなことは橋下さん以外の誰にもできなかったと思います。

橋下さんは弁護士としての収入もあり、おそらくテレビなどからも引っ張りだこになるでしょうから、政治家を辞めても生活に困ることはありません。多くの政治家が、政治家であることを家業のようにしていて、自分が落選すると明日から困ってしまう。それも、自分だけでなく秘書を含めた周囲の人たちの生活がかかっているので絶対に落選できない、というのに比べて、明らかにリスクをとりやすい条件が揃っているのも事実ですが、それだけではありません。

私が、初めて会ったときの橋下さんとの会話で、一番印象に残ったのはこんなやり取りでした。

「古賀さんはどうして辞めさせられるとわかっていても、闘うことができたんですか。なんでそんなに大変なことができたんですか。そこがどうしてもわかりません」

「そんな大変なことしたつもりはないんですけど。橋下さんこそどうして、こんなに厳しい闘いをしようとしてるんですか。それに比べたら僕の闘いなんてほんの小さなものですよ」

「そんなことないです。僕はどうしても最後に妥協してしまうことがあるんですよ。だから、古賀さんが最後まで妥協しないで闘えたのはなぜか、教えてほしいんです」

「橋下さんのほうが、ずっとすごい闘いをしてますよ」

こんなやり取りが何回か繰り返されました。それでも橋下さんは同じ質問を繰り返します。私が困って、

「自分でもよくわからないんですけど、自分が正しいことをやろうとしているときに、それが難しければ難しいほど、敵が巨大でとても倒せないだろうなと思えば思うほど、逆にやる気が出てくるんですよね。やっていておもしろくなるし、できたときの達成感

が最高なんですよね」

と言うと、橋下さんの顔がみるみるほころんできて、

「そうなんですよねえ！　それですよねえ！」

と身を乗り出して、うれしそうに大きく頷いたのです。

つまり、橋下さんは正義のために大きな相手と闘う、誰もできないと思うことに挑戦するということに、大きな喜びを感じるタイプなんだと思ったのを鮮明に記憶しています。

おそらく、こういう性格を持っていないと、本当に大きな改革のために命がけで闘うことはできないのではないかなと思います。そういう意味でも、橋下さんには命がけで闘うリスクをとる素質があるかもしれないなと感じたのです。

なぜ橋下徹は太陽の党と合流したのか

私は、橋下さんについてのマスコミなどでの評価がすべて偏っているとか間違っているとは思いません。批判のなかには、確かにそのとおりだと思うものもあります。

なかでも、2012年11月に石原慎太郎氏が率いる太陽の党と合流したことは、批判されてもしかたないと思っています。太陽の党のメンバーには、郵政改革に反対した平《ひら》沼赳夫《ぬまたけお》氏、官僚主導の自民党政治の重鎮《じゅうちん》だった片山虎之助《かたやまとらのすけ》氏や園田博之《そのだひろゆき》氏ら、およそ橋下さんとは、基本理念も政策も真逆の人たちが集まっています。一応、政策合意があるという体裁は取り繕っていますが、どうやっても、その違いを隠すことはできません。

だとすれば、やはり政策がぶれたのではないか、あるいは石原人気に頼って、2人で派手なパフォーマンスをやって票を取ろうというポピュリズムだと批判されてもしかたありません。

私は合流前からこれを批判していましたし、まえがきで紹介したツイッターなどで、それを広く訴えていました。

この合流が戦略的には完全に失敗だったということは、ほとんど明白です。その原因は、政策のぶれとポピュリズムだということが報道されたりしています。私は、そうした分析のほかに、実は2つの側面があると思っています。そして、それはいずれも、意外にも、橋下さんの慎重さに起因するものではないかと思っています。

まず第一に、前に述べたとおり、橋下さんは、非常に冷静に現実を見る人です。大阪ダブル選挙のときから、自分の人気はバブルにすぎない、これからは落ちるだけだと非常に慎重に考えていました。

そして2012年の9月に、国政に出る維新の会の国会議員団の顔ぶれが見えて以降、実際に維新人気に翳《かげ》りが出てくると、このままでは、下降傾向が続き、選挙で勝てないということが心配になってしまったのではないでしょうか。

その結果、誰か強力な助っ人がいないかと考えたときに、以前からラブコールを受けていた石原さんとの合流ということになったのでしょう。

しかし実際には、橋下さんが考えているほど、一本調子で維新人気が下降したと考える必要があったのかどうかは疑問です。橋下さんのグループは選挙前11議席に対して選挙後40議席です。太陽の党系の議員は、2議席から14議席に増えたのですが、これは石原さんの力ではなく、橋下さんの力でしょう。

私は、石原さんがいなくても橋下さんの力で、十分50議席以上、いや、石原さんとの合流で離れていった維新支持層のことを考えれば、60か70議席は取れたのではないかと思います。とりわけ、維新の会に失望しなければ投票率がもっと上がったはずだという効果を考えると、結果はかなり違っていたと思うのです。つまり、ポピュリズム批判は一部当たっているかもしれませんが、むしろその背後には、橋下さんの慎重な性格があったと思えてなりません。

第二に、石原さんと組んだ理由として考えられるのが、橋下さんが国会にいないなかで、多くの国会議員を束ねていくのが大変だから、石原氏のような重石になる人を探したという面があるのではないかと思います。橋下さんは国政の経験がないので、国会のことに詳しい人はとても頼りになると考えているようです。

政策が真逆の人たちと一緒になるデメリットを超えるだけのメリットがあるのか、大変疑問ですが、橋下さんは国政政党の運営について、二足のわらじを履いても自分が十分できると豪語した裏で、実はものすごく不安を感じていたのではないでしょうか。だから、国会のベテランを頼りにしようという気持ちになったのだと思います。これも、慎重な性格の表れでしょう。

偉そうな言い方で申し訳ないのですが、橋下さんはまだまだ若くて、これからの人です。そういう意味で、「発展途上人」と言ってもよいでしょう。国政のさまざまな課題について、いまも日夜勉強しながら、一つ一つ自分の考え方を固めていく過程をツイッターや記者会見などでそのまま出していくでしょうから、それがぶれたように見えたり、あるいは間違えたという場面も出てくると思います。

太陽の党との合流によって、政策的に歪んでしまったところがあるのは、橋下さんもわかっているでしょう。もし、これをそのまま放置していくということであれば、国民の支持はさらに落ちると思います。

これから橋下さんが自分の本来の理念に立ち返って、太陽グループとガチンコの対決をして、結果、力でねじ伏せることができるのか。それができなかったとき、太陽との決別も覚悟で闘えるのか。橋下さんの真価が問われるときではないかと思います。石原さんたちに負けないで、ぜひ頑張ってもらいたいと思っています。

しがみつかない。でも、あきらめない

大阪府市統合本部の特別顧問の仕事は、私の活動のほんの一部です。よく、大阪府や

大阪市に再就職したのか、とか、天下りじゃないかなどということを聞かれたりしますが、特別顧問の仕事は月に数回大阪に行って自分の意見を言うだけです。収入は一回数万円。本業にはとてもなりません。これからも、ベースはどこの組織にも属さず、〝フリー〟のまま活動していきたいと思っています。

私はいま、志がある人たちの要請に応じて政策作りをお手伝いしたり、勉強会に行ってお話ししたりしています。声をかけてくださっている方々の顔ぶれは、自民党議員、民主党議員、みんなの党議員などさまざまです。橋下さんもその一人です。今後も政党を問わず、方向性に共感できる方であれば、どんどんサポートしていくつもりですし、逆におかしなことをしているなと思ったら、誰に対しても遠慮なく、自分の意見を表明していくつもりです。こうして改革を推し進めるための政策を広め、いずれ政策を同じくする人たちをつないでいけば、改革の実現を目指せるのではないかと考えています。

政治家になる方はもともと人の上に立つリーダーを目指す野心家が多く、一般に、仲間と連携して行動を起こすのは得意とは言えません。従来は、こうした〝一匹狼の群れ〟を政界のフィクサーと呼ばれる実力者が「お前たちが一緒にやれ」などと裏でコントロールしたり、資金力のある政治家が、それをバックにグループを束ねていました。

また、一見、政策集団に見える「政党」も、実は、選挙互助会の色彩が強いということは、国民にも広く認識されるようになっています。方法の是非はさておき、政治家同士を結びつけるには、間に立つ人が必要なことは確かでしょう。私は、政治家に共通の政策のアイデアを提供することで「政策への共感」を生み出し、結果的に改革勢力を結集する手助けができたら、と思って活動しているのです。


こうした活動のためには、国民のみなさんのサポートが必要です。

多くの国会議員の方々が私に声をかけてくださる理由は、「よい政策を作りたい」「公務員制度改革について勉強したい」という思いだけではないと思います。ありがたいことに多くの国民のみなさんが私への共感を示してくださっていますから、「古賀を引っ張っておけば、選挙のときに支持を集めやすいかもしれない」という思惑も少しはあるはずです。そういう不純な動機の人は相手にしないという考え方もあるでしょうが、民主主義というのは、そういう人も含めて最後は〝数〟ですから、私を応援してくださる方が多ければ多いほど、私の考えが政策に反映される可能性は高くなるのです。

官僚時代もそうでしたが、もともと私は「これは難しいぞ、やりがいがありそうだ」という課題を見つけると、リスクを考えて慎重に行動するというよりも、好奇心旺盛に近づいていき、深く考えずに取り組んでしまう傾向があります。仕事が思うように進まないときや重大局面を迎えたときは眠れない夜を過ごすこともありますが、それでも「これをやり切れたら、うれしいな」と心から思える難題に挑み、楽しんで取り組んできたからこそ、途中で心が折れてしまわずにすんだのではないかという気がしています。

いま、私にはやりたいことがたくさんあります。日本が再生するために多くの既得権と闘って、経済を新たな成長軌道にのせる挑戦、脱原発に向けた取り組み、政策をベースに国会議員が政党を超えて連携する仕組み作りはもちろん、公務員制度改革についてもメディアなどで必要性を訴え続けていきたいと思っていますし、もし大阪以外の地方公共団体から要請があれば、大阪と同様に改革へ協力していきたいとも思います。

もちろん、どれも簡単な話ではありませんし、身体は一つしかありませんから、やりたいことを全部やるなんてできっこないでしょう。でも、「絶対に目標をクリアしてやる！」などと肩に力を入れず、「うまくいったらラッキーだな」「いまできなくても、またチャンスが巡ってきたらチャレンジしよう」というように、しがみつかず、あきらめず、柔軟に取り組んでいけば、おのずと道は開けるのではないかと思うのです。

国民が政治に参加すれば、日本は変わる

最後に、みなさんにぜひ考えてみていただきたいことがあります。それは、「国民一人一人が政治に興味を持ち、自分の行動で意思表示をすることが国を変える」ということです。

みなさんのなかには、いまの日本に危機感を覚えながらも、「自分一人の力なんてたかがしれている。やれることは何もない」とあきらめてしまっている方もいるのではないかと思います。確かに、たった一人で国の政策を変えられるはずはありません。仮にあなたが1億円の私財を投じようと、国を動かすことはできないでしょう。

しかし、あきらめて政治への関心を失ってはいけません。官邸前の脱原発デモを思い

起こしてみましょう。デモなんかやっても何も変わらないという声もありましたが、あのデモは確実に民主党政権の原発政策に大きな影響を及ぼしました。みなさんが行動し、意思表示することで、国を変えるパワーを生み出すことは可能なのです。

政治家を国民のために働かせるために、私たちには何ができるでしょうか。

誰でも考えつくのは、「投票」することです。これは国民の最大の権利であると同時に、義務でもあります。投票しないで、政治に不満を言っていても、何も変わりません。

一方、「いざ投票しようと思っても、誰に投票していいかわからない」「誰に入れても、あまり変わらないような気がする」と考えている方々も多いと思います。

無理もありません。2012年の12月の衆議院選挙では、政党が日替わりで設立されたり、なくなったり、また合併したり、そして議員も政党から政党へ渡り歩くという現象が起きました。選挙目当てというのが明らかな動きに、みんなうんざりし、投票に行く気をなくしたという声を多く聞きました。その原因の大半が政治家の側にあるのは確かです。

ですが、途方に暮れてしまう理由の一つに、「私たちが必ずしも〝政治に関与〟していないから、選挙が終わったら政治家が有権者のことを忘れて、いい加減な行動をとれるのだ」という側面があるのも事実です。

「政治に関与する」とは、どういうことでしょう。

それは単に、政治に関心を持つということではありません。政治に関して、なんらかの行動を起こすことです。

では、行動を起こすためには、どうすればいいのでしょうか。

少なくとも、自分の選挙区から出ている国会議員の政策は、普段からチェックしておきましょう。「選挙だから」と急に目を向けても、選挙時には、どの政治家も耳に心地よいことしか言わなくなってしまうので、主張がわかりにくくなってしまうからです。

そして、「この議員はいい政策に取り組んでいるな」と思ったり、「二度とこんな議員を当選させてはいけない」と怒りを感じたりしたら、ツイッターやフェイスブックなどのインターネットのツールを使って、どんどん発信しましょう。

最近は、国会議員がネット上の評判をよくチェックしていますから、こうした情報発信も意外に効果があるものです。

政治家の事務所にメールしたり、電話やファックスで意見を送ったり、質問をするのも有効です。

政治に関心を持って言いたいことがあったら、外に出て声を上げていきましょう。デモへの参加やストライキなど、大人数が集まって行う意思表示は、メディアで取り上げられることによって世論を大きく動かす可能性を持っています。

また、友人や知人など、身近な人たちと政治について意見を交わし、議論を盛り上げることも意味があります。日本社会全体で政治への関心を高め、一人一人がいまの状況に危機感を持つことが、日本を変える大きな原動力になるはずなのです。

政治に関与するもう一つの方法は、政治活動ボランティアです。政治家の集会に行ってビラ撒きなどの手伝いをしてもいいでしょう。人を集めて、政治家の話を聞く会を開いてもいいかもしれません。大切なのは、政治家に「自分を応援してくれている人たちのために政治をやればいいんだ」と思わせる行動を起こすことです。

さらに私がお願いしたいのは、政治家への献金です。日本は個人の政治活動が活発ではなく、アメリカなどのように政治家に個人献金することは一般的ではありません。

しかし、あなたが「この政治家の政策はよいな」と思ったときに1000円献金すれば、そのお金は非常に大きな影響力を持つということを知っておいてほしいのです。「たった1000円で?」と思うかもしれませんが、政治家は、身銭を切って1000円も献金してくれる有権者がいれば、そこから「応援していますよ」という非常に強いメッセージを受け取ることができます。

私は本来は、企業や団体の政治献金は禁止すべきだと考えています。しかし現実にはこれが認められていて、政治に大きな影響を及ぼしています。個人献金が企業・団体献金を上回るようになるのは、なかなか難しいでしょう。

たとえばいま、ある業界団体から100万円の献金を受け取っている政治家がいるとしましょう。するとこの政治家は、「この業界団体の意向に反するようなことはできないな」などと、特定の団体の顔色ばかりうかがうようになります。

政治家も人間ですから、弱いものです。まず選挙で当選しなくては自分がやりたいことは実現できないわけですから、「当選するにはどうすればいいか」という思考に走りがちになるのはしかたがない面もあるでしょう。政治家が「支援してくれている業界団体の要望なら……」と、自分の理想と異なる政策に邁進することは珍しくありません。

しかし、もし1000円献金してくれる有権者が100人いたら？

個人献金の額は全部で10万円にしかなりませんが、この政治家は「選挙になったらこの100人は確実に自分に投票してくれるな」「献金するほど応援してくれている人たちなら、家族や友達にも声をかけてくれるだろうから、300票くらい集まるかもしれない」などと見込むことができるでしょう。

そしてさらにもう一つ、大事なことがあります。「政治家も人間ですから」と言いましたが、それは「弱さ」とともに、逆のよい面にもつながります。それは、単に「お金と票」という損得勘定だけでなく、有権者の応援を〝意気に感じて〟、政治家に「よし、頑張ろう」という前向きな気持ちを生み出すことがあるということです。

既得権を守ろうと、政治家の取り込みを図る団体から政治家を引き戻し、自分たちが望む政治を行ってもらうためには、「私たちはあなたに必ず投票しますよ」という、信頼に足るメッセージを送らなくてはなりません。そのための有効な手段の一つが、個人献金なのです。

大阪のW選挙で大阪維新の会が勝てたのは、若者が投票に行って投票率が上がったからです。投票率が40％台程度にとどまれば、維新の会は負けていたでしょう。これまで声を上げてこなかった人たちが投票に行くことは、日本を変えるうえで非常に重要なポイントと言えます。

逆に、２０１２年12月の衆議院選挙では、投票率が戦後最低となり、結果的に既得権団体に支持された自民党の大勝となりました。最後の最後に本当に政治を動かすには、みなさん一人一人が家を出て投票所に行き、投票することが絶対に必要です。

特に若い人には、必ず投票に行ってもらいたいです。有権者の平均年齢は50歳を超えています。しかも高齢者の投票率は若い人の投票率をはるかに上回っていますから、いまのままでは高齢者のための政治が続くことになります。だからどんなに忙しくても投票には必ず行ってほしいのです。当日用事がある人は、期日前投票という制度がありますから、活用をお勧めします。

東日本大震災の後、多くの方は「自分にできることは何か」と考え、被災地でボランティアに参加したり、募金をしたりしたのではないかと思います。困った人を助けるための活動は尊いものですし、もちろん非常に大切です。

しかし、政治には、災害ボランティアの活動とは次元が違う、国の政策を動かすという大きな力があります。すぐにわかりやすい結果は出ないかもしれませんが、本当に政治を動かすことができれば、国に、困った人々を助けるための抜本的な対策を行わせることも可能なのです。

どうかみなさん、政治に関心を持って、一緒に声を上げていきましょう。私も、みなさんとともに、変革への期待を失うことなく、これからも精一杯活動していきたいと思っています。

終章　変化を楽しむ

最近、「人のために」「我慢」をしましたか？

本書の序章で、私はいまの日本が崖っぷちに立たされており、いずれ否応なく変革期を迎えざるを得ないだろうとお話ししました。日本経済は〝失われた20年〟を経てなおトンネルの出口が見えない状況で、少子高齢化などの重要な問題に対する手は打たれておらず、成長の道筋などまったく見えていない状況です。そこに襲いかかった、東日本大震災――いま、日本は緊急事態に陥っており、もはや一刻の猶予もないところまで追い詰められていると言っていいと思います。

これからの日本では、いままでは想像もつかなかったことが起きるかもしれません。国の財政が破綻する可能性もありますし、たとえ破綻を免れても、私たちが前提としてきたさまざまなルールが変わってしまうことは十分に考えられるでしょう。

年金制度や健康保険制度などの社会保障制度は、給付水準が下がって、あまり頼りにできなくなるかもしれません。税金だって、まだまだ上がる可能性が高いと思います。

「正社員で恵まれていてよかったなぁ」と思っていたら、会社が倒産してしまった……

というケースも増えるでしょう。これまでは不人気と言われていた待遇のよくない仕事にすら、就くのが難しくなってしまうことも考えられます。

私たちは、いま、非常に不確実な時代に生きているのです。

私は、日本を悲惨な状況に陥らせないためには、緊急課題として政治と行政の仕組みを大改革しなくてはならないと思っています。これは譲れない大前提です。

しかし、日本を大変革するには、役所の仕組みを変えるだけでは足りません。いまの困難な状況を乗り越えてよりよい社会を作るには、日本の国民一人一人にも「覚悟」が求められると思っています。

端的に言えば、これからの日本人に必要なのは、「本当にかわいそうな人のことを第一に考え、ほかの人のために我慢する」という覚悟です。

いまの日本には、かつてのような余裕はありません。社会保障などのセーフティーネットは弱者を守るために必要なものですが、自力でなんとかできる人たちまで国が守ろうとすれば、いずれ現行の制度が立ちゆかなくなることは明らかです。今後は守るべき対象を「本当にかわいそうな人」に限定しなくてはなりません。「本当にかわいそうな人」とは、その人が自分の目の前にいたら、自分のポケットにはほんの少ししかお金がなかったとしても、思わず、それを差し出してでも助けてあげたい、と思えるような人です。難病で働くことができず、アパートの家賃も払えない人、病気の乳児を抱えて働きに出たくても出られない母子世帯、津波で両親をなくしてしまい、進学の夢を断たれた中学生……。そういう人たちの姿が目の前にあったら、きっと多くの人々が、自分の生活を我慢してでも、手を差しのべたいと思うのではないでしょうか。

これからは、国に対して「ちゃんとやれ」と言うだけでなく、国民一人一人が「自分が我慢すること」を真剣に考えて、「本当にかわいそうな人」たちを助けていかなくてはならないと思うのです。

別の言い方をすれば、日本では高齢者は一律に「かわいそうな人」――つまり、社会保障制度で守るべき対象ということになっています。でも、年齢だけで「かわいそうかどうか」を決めるのはおかしな話です。年齢を重ねても元気に働ける方はたくさんいますし、実際、昔よりも60代や70代の方の活躍は増えていると感じませんか？ それなのにいまの制度では、「年齢を重ねた」というだけで、十分な資産がある人でも年金をたくさん受け取れ、医療費の自己負担も少なくてすむのです。

最近は「企業に65歳までの雇用を義務づけよう」という動きがありますが、これも「年金は65歳からしか受け取れないのだから、かわいそうな高齢者の雇用を守ろう」という発想から生まれた政策だと思います。しかし高齢者の雇用を維持すれば、その分だけ割を食うのは若者です。

私は、若者が頑張れる社会を作るためにも、高齢者は次世代にどんどんポジションを譲るべきだと思っています。高齢者には長年かけて培ってきた「経験」という武器があるのですから、それを活かして再就職するなり起業するなりして、自力で人生を切り拓いていくこともできるはずです。

誰しも、「年金はできるだけ早くから少しでも多く受け取りたい」「老後も雇用を守って働けるようにしてほしい」と思うものでしょう。しかし、みんなが「自分だけは守られたい」と考えれば、社会保障制度を社会全体から見て最適な形にしていくことはできません。このまま日本経済が悪化していけば、「本当に弱い立場にある人たち」は、より悲惨な環境に追いやられてしまうことになるでしょう。

今後リーダーシップのある政治家が現れて、国家の成長戦略や税制、社会保障制度などのビジョンを一体に描いてみせることができたとしても、その中身は「自力でなんとかできる人」に対して〝既得権〟を手放すことを求めるものになる可能性が高いと思います。そうなったとき、一人一人が「自分より弱い、本当に守らなくてはならない人たち」のことを思い、覚悟を持って自分が我慢するということを受け入れてほしいと思っています。

変化に対応できなければ、生き残れない

社会の変化はリスクと考えられがちですが、心構え次第ではチャンスにもなり得ます。

たとえば、近年は中国やインドなどの新興国が急成長しています。今後は「日本企業が中国の企業に買収される」といったこともどんどん起こるでしょう。これまで「正社

員」という地位に安住して会社にぶら下がっていた人は、厳しくリストラされることも考えられます。しかし一方で、コンビニでアルバイトをしていて中国人と友達になり、中国語を覚えた人が、友達の誘いを受けて中国資本になった企業に採用されるというようなことも起きるかもしれません。バイト先の中国人と結婚して、中国に渡ったら、新しい仕事が見つかって大活躍しているなどという話も現実のものとなっています。

最近は「若者はもっと海外に目を向けるべきだ」という声をよく耳にしますが、これからは周りに言われなくても海外に目を向けざるを得なくなるはずです。すでに中小企業も有力なところからどんどん海外に進出しており、グローバルビジネスは大企業の一部のエリートだけのものではなくなっています。「地元の中小企業に就職したら、お客さんがインド人だった」ということもあり得るわけです。

こうした話は、もしかすると突拍子もないことのように聞こえるかもしれません。しかし、今後はもっと驚くようなことが起きる可能性だってあるのです。

社会の変化をとらえてチャンスをつかむには、「これからは古い常識は通用しない」「何が起こるかわからないんだ」という心構えを持っておくことが大切です。これは、電車に乗っているときのことをイメージするとわかりやすいでしょう。「揺れるかもしれないな」と思って立っている人と、何も考えていない人とでは、実際に電車が揺れたときの身体の反応に差がつきます。何も考えていなければ、とっさの揺れに対応できず、転んでしまう危険性が高いもの。これと同様、「常識では考えられないことが起きるかもしれない」という心構えがあれば、少しずつ行動が変わり、急激な社会の変化についていきやすくなるはずです。

変化の大波は、そう遠くない未来にきっとやって来ます。そのとき、日本の行く末を決めるのは、国民のみなさん一人一人の思いと行動です。どうぞこのことを心に留めて、これからもこの国と私たちの未来について考えていきましょう。

あとがき

役所を辞めてから今日までは、日本を再生するために頑張っている政治家をサポートする仕事をしたいと思って試行錯誤を続けてきました。自分の新しい生活を組み立てることも同時にやらなければならなかったので、ものすごく忙しいし、精神的にも肉体的にもかなりつらいこともありました。結局、いまも定職はありません。無職というには忙しいのですが、気分としては、〝無職〟というほうがしっくりきます。

そんな私にとっての励みは、なんと言っても、まだお会いしたこともない多くの方々からの応援です。道を歩いていて、あちこちで声をかけていただきますし、ツイッターで私に声援を送ってくださる方も多いです。ツイッターでつぶやいた回数は他の方々に比べて少なく、まだ、たったの３００回程度。でもフォロワーは、12万人にまで増えました。メルマガを購入して支援してくださる方々もたくさんいます。つらいときや悲しいとき、心が折れそうなとき、そういう励ましの声が何よりの支えになっています。本当にありがとうございます。

まえがきにも書いたとおり、よくこんなことを質問されます。

「どうやったら、信念をつらぬくことができるのですか」

しかし、私は、そもそも自分自身が、そんなに立派だとは思えません。ですから、そんな質問をされても、うまく答えることができませんでした。

この本のタイトルは「信念をつらぬく」ですが、私の生き方は、信念をつらぬこうというような立派な生き方ではなくて、気づいてみたら、結構自分の気持ちに正直に生きてこられたなぁ、という程度のものでしかありません。挫折してしまったと思うことも多かったのではないかと思います。にもかかわらず、あえて、「信念をつらぬく」というタイトルにしたのは、みなさんの質問に対してなんらかの答えを書いてみたいと思ったからです。

自分がいままでどんなふうに生きてきたのか、その時々にどんなことを考えてきたのかを書いてみたら、みなさんとともに、「信念をつらぬく」というテーマについて、なんらかのヒントが見出せるかもしれないという気持ちでこの本をまとめてみました。書き終えてみて、当初の私の目的が果たせたのかどうか、はなはだ自信がないというのが正直なところです。当然のことですが、その評価は読者のみなさんにお任せするしかありません。

私の人生の試行錯誤はまだまだこれからだと思っています。突然、何もかも嫌になって、「田舎にこもってしまおう」と思うときがくるかもしれませんし、人から「なんでいつまでもあきらめないの？」と冷やかされながら、いまと同じように日本を変えようと悪戦苦闘を続けるのかもしれません。「信念をつらぬく」なんて偉そうなタイトルをつけなければよかったなと後悔するかもしれません。

人生の最期に、この本を出したことを、成功だとは言えないまでも、「偉そうなこと言ったもんだね」と自ら笑顔で語ることができればいいなと思っています。

２０１２年12月

古賀茂明

著者略歴

古賀茂明《こがしげあき》

一九五五年、長崎県生まれ。
東京大学法学部を卒業後、通商産業省(現・経済産業省)に入省。
大臣官房会計課法令審査委員、産業組織政策室長、
OECDプリンシパル・アドミニストレーター、産業再生機構執行役員、
経済産業政策課長、中小企業庁経営支援部長などを歴任。
二〇〇八年、国家公務員制度改革推進本部事務局審議官に就任し、
急進的な改革を次々と提議、「改革派の旗手」として有名に。
〇九年末に経済産業省大臣官房付になった後も、省益を超えた政策を発信し、
公務員制度改革と電力改革の必要性を訴え続けた。
現在は大阪府市統合本部特別顧問を務めるかたわら、
組織に属さず、党派を超えて政治家をサポート。
執筆、講演、テレビ出演、メルマガ発行等で幅広く活動している。

幻冬舎新書 293

信念をつらぬく

二〇一三年一月三十日 第一刷発行

著者 古賀茂明
発行人 見城 徹
編集人 志儀保博
発行所 株式会社 幻冬舎
〒一五一-〇〇五一 東京都渋谷区千駄ヶ谷四-九-七
電話 〇三-五四一一-六二一一(編集)
〇三-五四一一-六二二二(営業)
振替 〇〇一二〇-八-七六七六四三
ブックデザイン 鈴木成一デザイン室
印刷・製本所 中央精版印刷株式会社

Printed in Japan ISBN978-4-344-98294-9 C0295
こ-16-1
幻冬舎ホームページアドレス http://www.gentosha.co.jp/
*この本に関するご意見・ご感想をメールでお寄せいただく場合は、comment@gentosha.co.jpまで。

幻冬舎新書

植西聰
ゆるす力

怒り、憎しみ、恨みなど負の感情は、コントロールが難しく、どんどん増幅してあなたをむしばむ。「ゆるす」ことは至難の業だが、それができれば心は楽になり、毎日が明るいものに変わる。自由で幸福に生きるヒント。

諸富祥彦
人生を半分あきらめて生きる

「人並みになれない自分」に焦り苦しむのはもうやめよう。現実に抗《あらが》わず、今できることに集中する。前に向かうエネルギーはそこから湧いてくる。心理カウンセラーによる逆説的人生論。

王貞治　岡田武史
人生で本当に大切なこと
壁にぶつかっている君たちへ

野球とサッカーで日本を代表する二人は困難をいかに乗り越えてきたのか。「成長のため怒りや悔しさを抑えるな」など、プレッシャーに打ち克ち、結果を残してきた裏に共通する信念を紹介。

日垣隆
折れそうな心の鍛え方

落ち込み度の自己診断法から、すぐ効くガス抜き法、日々の生活でできる心の筋トレ法まで。持ち前のアイディアとユーモア精神でウツを克服した著者が教える、しなやかな心を育てる50のノウハウ。